A VIDA É DURA, MAS

Deus É
FIEL

A VIDA É DURA, MAS

Deus É
FIEL

*Como reconhecer o amor
de Deus em tempos difíceis*

TRADUÇÃO DE MARKUS HEDIGER

Rio de Janeiro, 2015

Título original: *Life is Tough, but God is Faithful: How to See God's Love in Difficult Times.*
Copyright © 1999 by Sheila Walsh
Edição original Thomas Nelson, Inc. Todos os direitos reservados.
Copyright da tradução © Vida Melhor Editora S.A., 2014

As citações bíblicas são da *Nova Versão Internacional* (NVI), da Biblica Inc., exceto quando especificado.

PUBLISHER	*Omar de Souza*
EDITORES	*Aldo Menezes e Samuel Coto*
COORDENAÇÃO DE PRODUÇÃO	*Thalita Aragão Ramalho*
PRODUÇÃO EDITORIAL	*Luiz Antonio Werneck Maia*
TRADUÇÃO	*Markus Hediger*
REVISÃO DE TRADUÇÃO	*Thayane Assumpção*
REVISÃO	*Daniel Borges e Francine Ferreira de Sousa*
CAPA	*Valter Botosso*
DIAGRAMAÇÃO E PROJETO GRÁFICO	*Especial Book's Editoração Ltda.*

CIP-BRASIL. CATALOGAÇÃO NA PUBLICAÇÃO
SINDICATO NACIONAL DOS EDITORES DE LIVROS, RJ

W19v

Walsh, Sheila, 1956-
   A vida é dura, mas Deus é fiel : como reconhecer o amor de Deus em tempos difíceis / Sheila Walsh ; tradução Markus Hediger. - 1. ed. - Rio de Janeiro: Thomas Nelson Brasil, 2015.
284 p.

   Tradução de: Life is tough, but God is faithful: how to see God's love in difficult times
   ISBN: 9788-5786-0674-9

   1. Motivação. 2. Vida cristã. 3. Espiritualidade. 4. Técnicas de autoajuda. I. Título.

14-18373	CDD: 248.4
	CDU: 27

THOMAS NELSON BRASIL é uma marca licenciada
à VIDA MELHOR EDITORA S.A.
Todos os direitos reservados à Vida Melhor Editora S.A.
Rua Nova Jerusalém, 345 — Bonsucesso
Rio de Janeiro — RJ — CEP 21042-235
Tel.: (21) 3882-8200 — Fax: (21) 3882-8212/3882-8313
www.thomasnelson.com.br

DEDICATÓRIA

Dedico este livro ao meu amado filho Christian. Oro, meu pequeno cordeiro, para que, à medida que for crescendo, você possa conhecer a fidelidade de Deus tanto nos dias escuros quanto nos melhores dias de sua vida. Seu pai e eu o amamos, querido.

SUMÁRIO

Dedicatória	5
1. O xis da questão	11
2. Não era para ser assim	23
3. Imagens ofuscadas	31
4. Nenhum lugar oculto	45
5. Sacrifícios vivos não fogem na surdina	59
6. Seja um amigo de Deus, e não apenas um servo	71
7. A Simplicidade ajuda a manter os pés no chão	83
8. Quando todo o céu se cala	103
9. Um círculo de amigos	125
10. O céu realmente se cala?	141
11. Deus nos deixou uma tarefa	155
12. Existe uma canção melhor para cantar	175
13. Uma vida faz diferença	191
Um guia de estudo bíblico para este livro e o de Jó	203
Sobre a autora	281
Notas	283

AGRADECIMENTOS

Sou profundamente grata a Janet Thoma. Percorremos juntas muitos quilômetros. Amo seu coração, seu talento e sua visão. Você é uma amiga verdadeira.

1

O XIS DA QUESTÃO

====

É a mensagem de um hino que me lembro da minha infância: "Nada trago em minhas mãos; simplesmente agarro-me à tua cruz."

William e Eleanor Pfaehler, os pais do meu marido Barry, se tornaram minha família norte-americana. Como sou abençoada por ter famílias dos dois melhores países do mundo — da Escócia e dos Estados Unidos!

Na primavera de 1998, minha sogra, que sofre de câncer de fígado, me ligou de Charleston.

— Estou frustrada por que não sei se meu médico está me dizendo toda a verdade. Não sei se ele está tentando me proteger ou se simplesmente não sabe — disse Eleanor.

Ouvi a dor em sua voz e estava disposta a fazer qualquer coisa que pudesse para aliviá-la.

— Por que você não vem para Nashville? Um dos melhores especialistas em câncer trabalha aqui no Hospital Batista. Eu irei com você e pediremos uma segunda opinião... Traga todos os seus exames e tudo que você tiver — respondi.

Naquele dia, Eleanor encerrou nosso telefonema dizendo:

— Eu sei que não irei nem um dia antes, nem depois, do tempo que Deus determinou para mim.

No mês seguinte, a mãe e o pai de Barry vieram para Nashville e ficaram conosco durante um mês. Para William foi difícil encarar o fato de sua esposa estar morrendo, de estar perdendo sua melhor amiga dos últimos 47 anos. Ele não queria saber tudo o que o médico tinha a dizer; para ele era tudo muito doloroso. Mas já que a mãe de Barry é o tipo de pessoa que deseja saber exatamente o que a medicina diz, ela queria saber a verdade. Depois estaria em paz com a situação.

William — ou Bubsie, como o chamamos carinhosamente — não quis nos acompanhar, assim, Barry e eu a levamos ao médico. No carro, eu perguntei:

— Diga-me, como você quer que isso aconteça? Você quer que ele simplesmente ponha as cartas na mesa?

— Absolutamente. Quero saber tudo que ele possa me dizer.

Sentada na sala de espera — todos estávamos um tanto quietos —, eu olhei para a parede e vi as seguintes palavras:

O QUE O CÂNCER NÃO PODE FAZER:

Não pode roubar suas lembranças.
Não pode roubar sua alegria.
Não pode afastar você do cuidado de Deus.
Não pode impedir você de amar e ser amado.

— Você viu isso? — perguntei a Eleanor.

Não, ela não tinha visto. Então eu li para ela. Ao ouvir aquelas palavras, lágrimas começaram a correr pelo seu rosto.

— Sei que é verdade, mas é bom ouvir de novo.

Mais tarde, quando o médico entrou no consultório, eu disse:

— Minha sogra está aqui. Ela sabe que tem câncer de fígado, mas ela gostaria de saber exatamente qual é o seu prognóstico.

— Deixe-me esclarecer uma coisa: eu sou médico. Sou um dos maiores especialistas em câncer do país, mas também sou cristão. Sei que a minha informação se baseia na melhor experiência possível, mas sei também que os nossos dias estão nas mãos de Deus e que eles estão registrados em seu livro.

O médico estudou todos os exames e então disse:

— Ok. Creio que lhe restam entre seis meses e dois anos de vida. Você não está fazendo nenhuma quimioterapia. Você já recebeu cinquenta injeções, e existe um novo tipo de tratamento que podemos lhe oferecer como última tentativa. Você precisa esperar até a manifestação de algum sintoma físico. Sua pele ficará amarelada, você sentirá uma dor em seu ombro esquerdo e seu fígado ficará maior.

— O que esse tratamento significará para mim? — perguntou ela.

— Você conseguirá estender um pouco a sua vida.

— Quais serão os efeitos colaterais?

O médico admitiu que ela se sentiria muito mal. Eleanor precisou apenas de um momento para pensar. Então, respondeu:

— Decidi não fazer esse tratamento.

— Eu respeito a sua decisão — respondeu o médico, mas podíamos ver o ponto de interrogação em seus olhos; por isso ela explicou:

— É por causa do meu neto. — Então ela começou a chorar. — Meu maior medo é de que ele não se lembrará de mim. Quero ter a oportunidade de aproveitar e passar tempo com ele a cada dia que ainda me resta.

A vida é dura. Minha sogra não é a única que passa por essa experiência. A maioria de nós enfrenta desafios difíceis ao longo da vida. Ao longo dos dois anos, mais de quinhentas mil mulheres assistiram às conferências do ministério Women of Faith [Mulheres de fé]. Pessoalmente ou por meio de cartas, elas me perguntam:

- "Se Deus me ama, por que meu filho morreu?"
- "Se Deus ouve as minhas orações, por que continuo solteira?"
- "Se Deus está no controle do mundo, por que a vida é tão difícil?"

Um pouco de informação errada é pior do que nenhuma informação. Creio que seja mais fácil levar a mensagem da graça e do amor de Deus a uma pessoa sem qualquer experiência com a igreja do que alcançar uma pessoa que foi criada numa comunidade cristã, mas que não entendeu a essência da fé cristã. Achamos que conhecemos os hinos, achamos que ouvimos a história. Então, fechamos nossos ouvidos para a notícia avassaladora do amor escandalosamente abundante de Deus, como o fez uma jovem estudante que me escreveu após uma conferência. Eu a chamarei de Susan:

> Fui criada na igreja e, portanto, ouvi falar de Jesus e do seu amor desde que eu era um bebê. Minha mãe e meu pai acreditavam que eu era a adolescente cristã perfeita. Quando fui para a faculdade, eles estavam convencidos de que eu manteria firme as minhas convicções. Eu também achava isso. Mas fracassei em todas as situações imagináveis. Senti-me o ser mais inferior do mundo. Eu simplesmente sabia que não poderia ser perdoada.

Susan continuou falando de sua recente presença numa conferência do Women of Faith:

> Lembro-me de estar sentada em minha cadeira, rodeada de milhares de mulheres cristãs que sorriam e cantavam. Mas não pude unir-me a elas. Eu estava morrendo por dentro. Quando falou, você abriu uma parte do meu coração que estava endurecida há tanto tempo. Enquanto chorava, eu redediquei minha vida a Deus. Voltei para a escola com uma nova perspectiva e muitos livros. Senti-me rejuvenescida por mais ou menos uma semana, então retornaram a velha vergonha e os sentimentos de culpa. Eu já havia fracassado e não podia mais mudar.

A mesma velha história

A carta de Susan poderia ter sido escrita por qualquer um de nós que não compreendeu a essência da mensagem de Deus. Eu compreendo seu compromisso fervoroso de permanecer fiel na faculdade e de ser motivo de orgulho para Deus e sua família. A verdade é que, no fim das contas, nenhum de nós consegue permanecer firme a não ser que nos lancemos diariamente nos braços salvadores de Deus. Não conseguimos fazer isso sozinhos. Não se trata de nós. Não temos força se estivermos separados dele.

Levei quase quarenta anos para realmente compreender isso. Eu compreendi essa realidade numa noite em que contei a Barry sobre uma amiga que não conseguiu entender a essência de uma piada que eu lhe contara.

Então pensei: "Mas foi isso que eu fiz durante quase quarenta anos. Eu entendi a essência de forma totalmente errada." Não compreendi a essência do evangelho. Não compreendi a mensagem da fidelidade e do amor de Deus. Eu estava cega para a obra consumada de Cristo. Eu lia a Bíblia repetidas vezes e repetia as mesmas perguntas estúpidas:

- "Como posso aumentar o amor de Deus por mim?"
- "O que preciso fazer para ser digna do amor de Deus?"
- "O que leva Deus a responder as orações de algumas pessoas, mas não as de outras?"
- "Por que me sinto tão distante de Deus?"

Eu não havia compreendido a essência: é a mensagem de um hino que me lembro da minha infância: "Nada trago em minhas mãos; simplesmente agarro-me à tua cruz."

A música exclama: "Tudo já foi feito!"

Mesmo assim, continuamos dando duro para fazer com que Deus nos ame, e quando a vida é dura, nós nos perguntamos o que fizemos de errado. Tanto amor humano é baseado em desempenho. Se você for magra o bastante (ou inteligente o bastante, ou bonita o bastante...), você será amada. Projetamos isso sobre o coração de Deus e acreditamos que ele funciona da mesma forma. Nossos egos abalados querem acreditar que alguma coisa nossa seja capaz de conquistar ou perder o amor de Deus. Nada em nós é capaz disso.

Quando Susan se despediu da conferência e voltou para sua escola, ela estava determinada a melhorar. Compreendo isso. Ouvimos uma mensagem que nos comove ou lemos um livro que nos toca profundamente e caímos na mesma armadilha de "Eu fracassei da última vez, mas dessa vez tudo será diferente".

O problema é que Susan levou a Susan consigo de volta para a escola. É a vida! Levamo-nos conosco para qualquer lugar que formos. Se fosse tão simples quanto entender que Deus é merecedor de uma vida bem vivida, não haveria necessidade para o Calvário. Se fôssemos capazes de fazer melhor da próxima vez, o sangue de Cristo não precisaria ter sido derramado.

Estamos certos quando desejamos fazer melhor. Deus merece isso — e muito mais. Porém a dura realidade da vida neste mundo é que não temos a capacidade de fazê-lo sem a fidelidade e o amor de Deus.

Pergunte ao salmista Davi. Ele amava a Deus e cometeu adultério. Ele amava Deus e foi responsável por mandar um homem para a morte certa. Olhe para Abraão. Pai do povo escolhido; e também um mentiroso. Ele permitiu que outro homem dormisse com sua esposa, afirmando que sua esposa era, na verdade, sua irmã. Muito obrigada, Abraão!

Olhe para Pedro. Teve o privilégio de caminhar com Jesus dia após dia. Viu os milagres. Viu como Lázaro foi ressuscitado dos mortos. E isso é tudo que todos nós desejamos. Mas na hora do confronto, ele disse que jamais conhecera Jesus.

A história humana é uma história contínua de homens e mulheres que tropeçam e da constante graça e misericórdia de Deus. Deus acerta o alvo com flechas tortas. A questão sempre gira em torno dele, nunca se trata de nós, nunca se trata da qualidade da flecha. Mas nós nos esquecemos disso.

Satanás parece estar vencendo?

"A vida é dura, mas Deus é fiel" tem se tornado o meu lema. A Bíblia está repleta de histórias de homens e mulheres que, no meio das situações mais difíceis da vida, descobriram a fidelidade de Deus. Basta citar um exemplo: Jó.

O livro de Jó sempre me fascinou. Ouvi inúmeros sermões e li livros maravilhosos sobre ele, mas sempre que mergulho novamente nele, descubro algo novo.

No famoso início da história de Jó, ouvimos que ele era um bom homem, um marido leal, um pai dedicado. Era também amigo de Deus.

Então, a cena muda e nos encontramos na corte do céu. Vemos os anjos se apresentando a Deus, e Satanás está entre eles.

Deus chamou a atenção de Satanás para o seu servo Jó. "Não há ninguém na terra como ele", disse o Senhor, "irrepreensível, íntegro, homem que teme a Deus e evita o mal" (Jó 1:8).

Mas Satanás não se impressionou: "É claro que ele é um bom homem. Não é tolo. Ele te ama porque vale a pena amar-te. Tira dele todos os benefícios e perderás um ser humano muito egoísta" (vv. 10-11).

Mas Deus não concordou. Disse: "Você está enganado. Jó é meu amigo. Mesmo se ele perdesse tudo, ele continuaria a me amar" (v. 12). De certa forma, Deus apostou sua reputação na vida de um homem. Às vezes, eu me pergunto se Deus não faz isso com cada um de nós. Nós todos passamos por momentos em que Deus permite que Satanás examine se realmente somos pessoas de Deus, ou não?

Deus permitiu que Satanás destruísse a vida de Jó. Ele perdeu tudo. Seus filhos, suas filhas e seus servos foram mortos; e seus grandes rebanhos de gado, roubados. Cada aspecto da vida de Jó se transformou em tragédia.

Uma luz numa janela quebrada

Jó deixou uma luz acesa para você e eu. A fraqueza de Davi acendeu uma vela na escuridão. As feridas de Pedro me encorajaram a continuar. Esse é o propósito das nossas vidas: aprender a amar Deus e uns aos outros. Fazer a luz de Cristo brilhar em momentos de escuridão e também nos dias em que tudo é maravilhoso.

Quando Eleanor, Barry e eu saímos do consultório naquele dia de maio, eu perguntei para ela:

— Em vez de voltar para casa, você gostaria de tomar um café?

Quando estávamos sentados no restaurante, começamos a conversar. Ela disse:

— Na verdade, ele não me contou nada que eu não soubesse. Mas foi maravilhoso ouvir isso de uma pessoa que crê como eu. Quando minha vida terrena acabar, minha outra vida começará.

Eu peguei sua mão e olhei diretamente para ela:

— Seu maior medo é que ninguém se lembre de você. Gostaria de fazer algo? Sugiro que nos sentemos num quarto, só você e eu, sem o pai de Barry, sem Barry, sem Christian. Eu ligarei a câmera de vídeo e conversaremos. Quero que você conte para Christian como você conheceu seu marido, o avô de Christian, como você se sentiu quando se casou e como você se sentiu quando estava grávida do pai dele. Depois, fale sobre a alegria que você sentiu quando descobriu que se tornaria avó. Suas primeiras impressões de Christian. Quero que você possa deixar um legado, não só em palavras, mas um em que Chistian possa ver seu rosto e ouvir o quanto você o ama.

Realizamos esse projeto na semana de Natal de 1998. Eleanor estava morrendo, mas Deus era fiel.

Eu sei que não conseguiria fazer o que faço sem meu sogro e minha sogra.

William e Eleanor Pfaehler celebraram seu 48º aniversário de casamento em 1998. Por serem um presente tão especial para mim e para Barry, decidi surpreendê-los numa noite de sexta-feira da conferência do Women of Faith em San Antonio. Na primeira noite de uma conferência, sempre levo Christian para o palco por alguns minutos.

Naquela noite, decidi chamar para o palco também o pai e a mãe de Barry. Encomendei um grande buquê de rosas para a mãe de Barry. Normalmente, eles ficam no camarim, mas naquela noite pedi que me fizessem um favor especial e que se sentassem na primeira fila.

Quando chegou o momento em que normalmente levava Christian para o palco, eu disse:

— Eu quero que vocês saibam que não conseguiria fazer o que faço sem minha sogra e meu sogro. Eles viajaram conosco e nos acompanharam durante 29 fins de semana neste ano. Minha sogra sofre de câncer de fígado e meu sogro teve que passar por duas cirurgias no joelho que não foram bem-sucedidas. Ele está sofrendo grandes dores. Mesmo assim, ele fica atrás da mesa e vende livros com Barry e fala com as mulheres. Tantas cartas que recebo vêm com um P.S.: Dê minhas lembranças ao seu sogro. Ele faz tantas amizades. As pessoas amam Bubsie!

A mãe de Barry cuida do Christian quando estou palestrando ou verificando o som ou ensaiando, de forma que posso ter certeza de que quando ele não estiver comigo ele estará com sua avó.

Então chamei meus sogros para o palco. Entreguei as flores a Eleanor.

Voltei-me para o pai de Barry:

— Refleti muito, papai, sobre o que eu poderia lhe dar. Então percebi que já havia lhe dado.

Desci do palco e peguei meu filho. Entreguei-o ao pai de Barry, e William chorou. As mulheres no público estavam de pé, batendo palmas, muitas com lágrimas nos olhos.

A vida é dura, mas Deus é fiel. Ninguém pode roubar suas lembranças, sua alegria, sua eternidade ou impedi-lo de amar e ser amado, como diziam aquelas palavras no consultório.

O pai de Barry sabe disso. Antes de eu engravidar, Bubsie estava tendo dificuldades com seus joelhos. (Ele está perto de completar oitenta anos) Ele perguntou aos médicos se poderia fazer uma cirurgia para substituir seus joelhos, e eles disseram que era uma cirurgia arriscada em sua idade, mas que se fosse bem-sucedida faria uma grande diferença em sua vida.

Então, William decidiu substituir ambos os joelhos, apesar de jamais ter passado um único dia num hospital até então. Oramos por ele, mas a cirurgia não foi bem-sucedida. Ele acabou tendo menos mobilidade e dores ainda maiores.

Nas semanas após a cirurgia, observei como ele se deteriorou diante dos meus olhos. Ele sempre fora um homem extrovertido, mas havia perdido o vigor da vida. Não saía mais de casa. Ele costumava ser um ótimo jardineiro, mas passou a ficar sentado na casa, dizendo: "Estou com dores fortes demais para me mexer."

Então, no meio disso tudo, Christian nasceu. A mudança imediata foi como um milagre para mim. William estava por toda parte querendo ajudar com o bebê. Bubsie jamais sentira dores maiores em toda sua vida, mas recentemente ele me disse: "Você acredita que Deus guardou os melhores dias da minha vida para o final?"

Antes do Natal de 1998, comprei um escorregador grande e pesado para Christian. Eu observei o avô subindo e escorregando com o neto. Mais tarde naquele dia, o vi sentado no chão montando os trilhos de um trem para o menino. Isso não tem a cara de Deus? Ele usa uma criança de dois anos de idade para ajudar a fazer fisioterapia! Que benção para meu garoto. Ele é o melhor amigo do seu avô.

A vida é dura, mas Deus é fiel

Lembra-se da Susan? Sua carta não terminou por aí. Após meses de autoacusação e vergonha, ela pegou um dos livros que havia comprado na conferência. Tratava-se de *Honestly* [Sinceramente], a história da minha jornada de depressão clínica e internação para a verdadeira liberdade em Cristo. Susan escreveu:

> Não tenho palavras para expressar o quanto aquele livro me afetou. Senti com você a depressão, a vergonha e a culpa. E vi você transparecer em tudo isso. Eu sabia que existia esperança para mim e que eu podia ser perdoada. Entendo agora que minha vida não acabou. Por causa do sangue de Cristo, ela apenas começou.

Sim! Sim! Sim! É isso! Por causa de Cristo, ela apenas começou. A vida é dura, mas Deus é fiel.

Nos capítulos a seguir, falarei sobre pontos de virada para a redescoberta do amor e da fidelidade de Deus em momentos difíceis.

Quando nossos sonhos desabam ou parecem não se cumprir, podemos permitir que Satanás se infiltre em nossas vidas ou lembrar-nos de que Deus é fiel, independentemente de quão desesperadora a nossa vida pareça ser. Eu mesma me vi diante dessas escolhas. Quero compartilhar com você um pouco sobre como passei por minhas próprias desilusões quando perdi ou estava prestes a perder os relacionamentos mais importantes da minha vida.

Como escreveu o escritor britânico Thomas Hardy: "Se existe uma maneira de melhorar, ela consiste em olhar diretamente para o pior."

Aprendi a passar por momentos difíceis identificando as escolhas críticas que todos nós precisamos fazer quando estamos nas piores das situações. Nos capítulos a seguir, analisaremos cada um desses pontos de virada e veremos como pessoas com uma fé simples, mas determinada, foram capazes de viver situações terríveis e persistir mesmo assim, suportando todo tipo de dores, mas jamais deixando de crer na fidelidade de Deus.

> Você está cansado? Está com medo?
> Quando se deita, deixa a luz acesa?
> Quando sopra o vento frio para perturbar sua paz,
> Você tranca a porta para que ninguém mais possa ver?
> Promessas quebradas deixaram suas marcas.
> Em sua descrença, você precisa se agarrar a uma coisa.
>
> Quando a estrada se torna bruta demais,
> Quando você está prestes a desistir,
> Quando você clama por amor,
> Deus é fiel.
>
> Quando você não consegue encontrar paz,
> Ele jamais o abandonará.
> Você escolheu terra firme.
> Deus é fiel.[1]

Creio nisso de todo o coração. Ao olhar para trás, vejo o cuidado com que Deus me acompanhou a cada passo do meu caminho para me atrair para si. Ele falou com voz mansa ao longo de todos os anos de minhas tentativas de impressioná-lo: "Eu a amo. Caminharei ao seu lado. Você pode contar comigo."

Não consigo imaginar a dor de perder todos os filhos, a casa, a saúde. Jamais escolheria a vida de Jó para mim. No entanto, a dor possui uma qualidade que recria a imagem da vida, a imagem daquilo que você é, daquilo que Deus é. Eu já disse isso a mim mesma. Olho para a minha vida. Penso na morte do meu pai. Lembro-me da minha luta contra a depressão e daquele frio inverno em minha alma; mas mesmo que não tivesse escolhido esse caminho, eu não mudaria um único dia, um único passo.

Por quê? Porque sou uma mulher diferente. Uma coisa é dizer que o Senhor é o meu pastor; outra coisa completamente diferente é ser incapaz de dar mais um passo sozinho, apoiar-se em seu cajado e prosseguir. É como Jó disse: "Meus ouvidos haviam ouvido falar de ti no passado, mas agora meus olhos te viram" (Jó 42:5).

Tenho ouvido a mesma coisa dita por tantas de vocês que compartilham perdas avassaladoras, mas jamais voltariam atrás porque aquilo que experimentaram do amor e da graça de Deus no meio da dor é de tirar o fôlego. É verdade!

A vida é dura, mas Deus é fiel.
A vida é dura, mas Deus é fiel.
A vida é dura, mas Deus é fiel.

2

NÃO ERA PARA SER ASSIM

====

Quando a vida deixa de fazer sentido, podemos desistir ou nos lembrar de quem Jesus realmente é e de que, por pior que seja a situação, ele vale a pena.

Certo dia, em 1989, um homem de mais ou menos sessenta anos ligou para o programa de TV *700 Club* a fim de pedir ajuda. Percebi que ele estava envergonhado e nervoso por estar pedindo conselho a uma jovem mulher, mas algo o havia levado a discar nosso número.

— Assisti ao seu programa ontem — ele disse. — Você parece se importar com as pessoas. Sinto muito por estar ocupando seu tempo, mas estou muito infeliz.

Tentei dizer-lhe que eu estava feliz em poder falar com ele e que eu era uma amiga.

Então, ele me contou que fora casado por 36 anos e que agora havia destruído tudo. Fiquei em silêncio, pedindo a Deus sabedoria, e o deixei continuar.

— Veja bem, eu realmente amo a minha esposa, mas alguns anos atrás eu tive um caso, nada sério, apenas um caso idiota. Durou apenas poucas semanas... — Enquanto contava sua história, eu podia sentir a angústia em sua voz. Ele parou por um instante.

— Sua esposa sabe disso? — perguntei.

— Bem, é justamente este o problema — ele respondeu. — Entreguei minha vida a Deus algumas semanas atrás e queria colocar tudo em ordem. Então, contei para a minha esposa e pedi perdão, e agora ela se foi. Se foi. — Ele começou a chorar amargamente, e eu queria estender meus braços pelo telefone para confortá-lo.

— Não era para ser assim — ele disse.

Ouvi essas palavras por onde quer que andasse.

No dia seguinte, entrevistei Darrell Gilyard no meu programa *Heart to Heart* [De coração pra coração], logo após o *700 Club*. Havia certo alvoroço na CBN em torno do meu convidado. Várias pessoas que o tinham visto no programa de Jerry Falwell me disseram que ele era um homem de Deus fora do comum. Eu sabia muito pouco a seu respeito quando ele se sentou do meu lado no cenário do *Heart to Heart*, mas sua história deixou uma marca indelével em meu coração.

Quando ele tinha nove meses, sua mãe e seu pai bateram na porta de uma estranha e lhe entregaram a ela. Este jovem casal negro implorou e pediu que a senhora negra que atendeu à porta cuidasse de seu filho por algum tempo, mas o casal nunca mais voltou. Então, Darrell foi criado por uma mulher piedosa e dedicada, que todos os dias lhe ensinava algo sobre Jesus.

Aos sete anos de idade, ela o chamou à sua cama.

— Filho, estou morrendo. Sou mais pobre do que eram seus pais, por isso, não tenho nada para deixar para você. — Então, entregou-lhe sua velha Bíblia e disse: — Deixo-lhe Jesus.

Darrell foi repassado de abrigo a abrigo. Ele estava sedento por amor, tentando agarrar-se à sua fé.

Aos 14 anos, estava vivendo nas ruas. Não tinha nome, família, ninguém que se importava se ele estava vivo ou morto. Dormia embaixo de uma ponte, vendia latas e garrafas para se sustentar. Continuou frequentando a escola e lavava sua única muda de roupas no rio. À noite, sentava-se sob a lâmpada de um supermercado para fazer seus deveres de casa. Estava determinado a não ser um perdedor.

Mas durante muitas noites geladas, ele levantava seu rosto para o céu e perguntava a Deus: "Por quê?" Estava exigindo demais pedindo uma cama? Um amigo? Alguém que lhe desejasse um boa-noite? Na solidão daquela noite, ele sabia que não era para ser assim.

E não devia ter sido do jeito que foi para Jó também.

O SOFRIMENTO DE JÓ

Deus permitiu que Satanás destruísse a vida de Jó. Mas Jó cumpriu a previsão de Deus e permaneceu firme. No meio de seu sofrimento, declarou: "O SENHOR deu e o SENHOR levou. Louvado seja o nome do SENHOR" (Jó 1:21).

Pouco tempo depois, Deus e Satanás se encontraram novamente, e o Senhor disse: "Bem, o que você me diz sobre Jó agora? Eu não lhe disse que não havia homem igual a Jó na terra? Ele foi arruinado por motivo algum, mas ele simplesmente louvou meu nome e continua sem falha."

Satanás riu e respondeu com um provérbio muito usado entre os comerciantes no tempo de Jó: "Uma pele por outra! É claro que Jó estava disposto a abrir mão dos seus animais, servos e filhos, mas quanto à sua própria pele? Todo ser humano é egoísta. Por que não me deixas tocar o corpo de Jó e arruinar a sua saúde? Um homem consegue viver sem seus filhos. Um homem consegue viver sem seus bens; mas provoque sofrimento pessoal e ele te amaldiçoará na tua presença!"

"Tudo bem, então", respondeu Deus, "toque o corpo de Jó, mas não o mate."

E assim Satanás afligiu Jó desde a cabeça até a ponta dos seus pés com o tipo mais doloroso de bolhas e feridas. Em tremenda miséria, Jó se sentou em cinzas, coçando suas bolhas com um caco de cerâmica, mas jamais proferiu uma palavra contra Deus.

O que a história de Jó pode ensinar a mim e a você? Que é perigoso cair nas mãos de Deus? Podemos confiar nele? O que significa ser seu servo e seu filho? Por que Deus se afasta e permite que seu inimigo mortal brinque conosco?

Muitas vezes já me perguntei como Jó orou durante aqueles sete dias e sete noites, quando o céu parecia ser surdo e ninguém o ouvia. Pergunto-me se Jó não sentiu a tentação de murmurar: "Senhor, não era para ser assim".

Não, grandes partes da vida não eram para ser assim, mas são. E quando o teto ecoa nossas orações e as joga aos nossos pés, sentimo--nos culpados por perguntar "por quê?" Afinal de contas, um cristão deve conhecer todas as respostas. Em teoria, nós somos capazes de lidar com a vida porque temos um Deus poderoso e amoroso que ouve as nossas orações e nos dá a vitória. Na realidade, muitas vezes Deus parece responder com um "Não" ou com um "Por favor, espere. Meu plano está em andamento. Confie em mim".

Creio que estamos em uma enrascada quando baseamos nossa fé em orações respondidas de forma aparente, em obter uma solução para os nossos problemas no mesmo momento. Se confundirmos o silêncio de Deus com indiferença, somos as pessoas mais miseráveis do mundo. Se desistirmos quando não conseguirmos entender algo, rejeitamos seu amor persistente e nos desvinculamos da nossa única esperança verdadeira.

Satanás, é claro, se reclina esperando que façamos exatamente isso, que desistamos. É por isso que o Diabo se aproximou sorrateiramente de um homem de sessenta anos com o coração partido quando sua esposa o deixou após sua tentativa de ser honesto. O inimigo lhe disse: "Você estava melhor antes de encontrar Deus. Você ainda tinha sua esposa."

E é por isso que Satanás procurou um garoto solitário em baixo da ponte e lhe disse: "Você foi esquecido. Você não é ninguém. Por que não acabar de vez com tudo isso?"

O Diabo é especialista em mentiras, confusão, desespero e depressão. Como anjo caído, é um ser limitado, mas ainda possui um poder tremendo e as estratégias mais inteligentes. Ele se aproxima para nos tentar em nossas necessidades específicas, e ele sempre aparece com suas tentações no exato momento em que nos sentimos fracos, estressados, desesperados e confusos. Ele nos confronta com a sua melhor artilharia e depois se reclina para ver o que acontece.

Costumamos perguntar: "Posso realmente confiar em Deus? Onde ele está? Por que ele não vem ao meu socorro?" Talvez a pergunta correta seja: "Deus pode confiar em mim?"

JESUS VALE TUDO ISSO?

Se eu disser que estou disposto a seguir Jesus, o que estou querendo dizer? Acredito que exista um único motivo válido para seguir Jesus: ele vale a pena. Ele vale a pena — seu amor, sua compreensão, sua compaixão — por ser quem é. Eu o sigo incondicionalmente, sem dizer a Deus que eu farei isso se ele fizer aquilo. Ou Jesus vale a pena simplesmente pelo fato de ser Jesus, ou ele não vale nada.

═══

Ponto de virada: Quando a vida deixa de fazer sentido, podemos desistir ou nos lembrar de quem Jesus realmente é e de que, por pior que seja a situação, ele vale a pena tudo isso.

═══

Pode parecer duro dizer essas palavras a um adolescente prestes a entrar em sua caixa de papelão em baixo da ponte para dormir. Não as entendo como palavras duras, mas como palavras de conforto. Jesus era a única coisa que Darrell tinha enquanto lutava para sobreviver.

Enquanto eu conversava com ele no programa *Heart to Heart* naquela manhã, olhei nos olhos desse homem humilde, gentil e forte e percebi que ele havia entendido um princípio contra o qual eu lutava há anos. Ele fez uma pergunta a Deus — "Por quê?" — e então se dispôs a esperar pela resposta. Dias se transformaram em semanas, que se transformaram em meses e anos. Darrell continuou esperando pela resposta à sua pergunta. Finalmente, enquanto orava, a resposta veio. E tudo que o Senhor disse foi: "Confie em mim, Darrell. *Tudo está sob o meu controle!*"

Tentei imaginar-me no lugar de Darrell e lhe perguntei:

— Isso lhe bastou? Saber que Deus estava no controle mesmo quando as circunstâncias de sua vida nunca mudavam?

Darrell respondeu dizendo que decidira desviar seu olhar das circunstâncias e focar no Senhor. O tempo passou, e nada mudou. Darrell continuava tendo que viver sem nada. Teve que ir à escola com a mesma blusa durante o ano inteiro e precisou dormir no mesmo lugar frio todas as noites.

Apesar de sofrer com as zombarias dos colegas, sua perspectiva sobre a vida mudou, e ele experimentou uma tremenda paz e satisfação. Ele sobreviveu aos dias e às noites solitárias com um cântico em seu coração, pois não tinha dúvida de que Jesus o amava e cuidava dele.

Darrell completou o Ensino Médio e obteve um diploma de teologia no Criswell Bible College. Aos 22 anos, ele conheceu sua futura esposa e se casou. Hoje, eles têm dois filhos, e a visão de Darrell de construir uma igreja se tornou realidade.

A conversa com Darrell Gilyard me fez perceber que eu estava sedenta pela voz de Deus, pois eu queria ouvir Deus assim como ele o havia ouvido — dizendo que tem tudo sob controle, mesmo aquilo que eu não consigo entender. Se existir algum homem que descobriu que a vida é dura, mas que Deus é fiel, esse homem é Darrell Gilyard. Nada em sua vida fazia sentido. Ele não recebeu nenhuma notícia boa, nada que pudesse ver; mas ele aprendeu a viver pela fé, não pelo que via. Ele aprendeu a viver pela verdade porque Deus a havia revelado ao seu coração.

Muitas perguntas, poucas respostas

A história de Darrell Gilyard é dramática, mas o que é verdade para ele é verdade também para você e para mim. Não importa que tipo de problema apareça em nosso caminho, tudo que temos é Jesus, e ele vale a pena porque nos ama.

Sim, ainda temos perguntas. Deveríamos hesitar em fazê-las simplesmente porque acreditamos que devemos ter todas as respostas? Satanás adora quando ficamos em silêncio, com medo de fazer as perguntas que possam nos levar ao conhecimento. Em seu livro *True Believers Don't Ask Why* [Cristãos verdadeiros não perguntam por quê], John Fischer escreve: "Jesus nunca estende a verdade para ninguém. Nós precisamos estender a mão e agarrá-la."[2]

Às vezes pergunto-me por que não estamos dispostos a fazer mais perguntas em nossa busca pela verdade. John Fischer acredita que não gostamos de perguntas porque elas nos "deixam vulneráveis, fracos, carentes. Elas expõem grandes lacunas em nossa personalidade, nossa teologia ou nosso estilo de vida. As perguntas nos obrigam a uma sinceridade que não estamos dispostos a assumir — uma sinceridade que nos obriga a viver com nossas vidas mal-resolvidas".[3]

Mas fé é exatamente isso: viver nossas vidas com determinadas coisas mal-resolvidas. Acredito que simplesmente não conseguimos explicar muitas das coisas que acontecem. Mesmo olhando para trás após muitos anos, nossa compreensão daquilo que aconteceu continua muito limitada. Mas possuímos o conhecimento e a certeza de que Jesus esteve conosco em todos os momentos, caminhando ao nosso lado, guiando os nossos passos. Jamais precisávamos temer as perguntas, porque Jesus bastava como resposta.

Algumas das maiores palavras que Paulo escreveu começam com perguntas: Alguma coisa pode nos separar do amor que Cristo tem por nós? Problemas ou dificuldades podem nos separar dele? Quando não temos comida ou roupa, quando estamos em perigo, ou mesmo quando a morte vem, alguma dessas coisas pode nos separar do amor de Cristo?

A resposta de Paulo é que nada — absolutamente nada — neste mundo pode nos separar do amor de Deus, que está em Cristo Jesus, nosso Senhor. O apóstolo disse: "Estou convencido de que nem morte nem vida, nem anjos nem demônios, nem o presente nem o futuro, nem quaisquer poderes, nem altura nem profundidade, nem qualquer outra coisa na criação será capaz de nos separar do amor de Deus que está em Cristo Jesus, nosso Senhor" (Romanos 8:38-39).

Este precisa ser nosso ponto de partida. Mesmo na noite mais escura, na mais forte dor, na maior frustração — quando nada mais faz sentido —, nós seguimos em frente porque ele vale a pena.

Durante anos, alimentei-me profundamente da falsa crença de que tudo andaria conforme minha vontade se minha fé fosse grande o bastante. Acreditava que Deus funcionava assim: se eu fizer isso por Deus, ele fará aquilo por mim. Mas isso não é verdade, e tantas vidas estão presas e são destruídas por causa desse ensinamento.

Gritamos: "O que foi que eu fiz de errado?" E o céu responde: "Tudo! Mas mesmo assim eu amo você. Sempre o amei e sempre o amarei."

Hannah Whitall Smith expressou o amor de Deus perfeitamente:

> Reúna todo o amor mais meigo que você conhece,
> O amor mais profundo que já sentiu
> E o amor mais forte que já foi derramado sobre você,
> E acrescente a ele todo o amor de todos os corações humanos do mundo,
> E então multiplique isso pela infinidade,
> E então, talvez, você começará
> A vislumbrar o amor que Deus tem por você.[4]

Que afirmação gloriosa! Isso é uma realidade para você? Ou você lê essas palavras como algo que soa maravilhoso, mas que, quando você olha para a sua vida, parece tão útil quanto um saquinho de chá usado? Eu mesma estou começando a entender. Apenas começando.

Permanecer firme é difícil — e pode parecer impossível —, mas vale a pena porque Jesus vale a pena. Não importa o que aconteça, Jesus basta.

3

IMAGENS OFUSCADAS

═══

*Quando dúvidas e baixa autoestima nos paralisam,
podemos desistir e aceitar essa imagem ofuscada,
ou podemos nos lembrar de quem somos em Cristo.*

Em maio de 1986, olhei pela janela do avião. A luz do sol cintilava na neve brilhante.

— Senhoras e senhores, estamos iniciando nosso pouso no aeroporto Stapleton de Denver. Por favor, apertem os cintos.

Naquela noite, eu tinha um show marcado no auditório de uma escola. O voo havia sido agradável, e eu aproveitei as horas até a apresentação para descansar um pouco no meu quarto do hotel. Uma amiga havia organizado o concerto. Sentia-me em casa.

Sarah, uma jovem da região, abriu o espetáculo. Ela era boa, e o público gostou dela. Eu reconheci em seus olhos seu amor autêntico por Cristo, e sua voz era linda. Quando ela terminou, minha amiga subiu ao palco:

— Faremos um breve intervalo de dez minutos, e quando voltarmos, Sheila Walsh estará conosco.

Algumas pessoas bateram palmas, enquanto os outros corriam para os banheiros a fim de evitar filas longas. Eu compartilhava meu camarim com a jovem cantora, e ela entrou toda agitada.

— Puxa, isso foi divertido! Você acha que fui bem? — ela perguntou.

— Achei você incrível, Sarah — respondi, — o Senhor realmente a usou.

Dois rostos radiantes apareceram na porta. Sarah disse:

— Sheila, estes são meu pai e minha mãe.

Nós nos cumprimentamos, e eu pude ver o quanto orgulho eles tinham de sua "filhinha". Fiquei observando, alegrando-me com aquela cena, mas então me chamaram, e eu lhes disse que precisava ir. Eu já estava na porta, quando o pai de Sarah disse:

— Sheila, seu pai deve estar muito orgulhoso de você.

Não sei por que ele disse aquilo. Talvez quisesse incluir-me na alegria que sentia pela própria filha. Sei que disse aquilo como elogio, mas eu senti como se alguém tivesse me chutado no estômago. Sem responder, fechei a porta atrás de mim. Não queria que vissem o meu rosto. Não queria que fizessem perguntas.

"Seu pai deve estar muito orgulhoso de você..." As palavras trouxeram tudo à tona. Por que, após tantos anos, a dor continuava tão grande? Será que jamais estaria livre? Sentei-me num banheiro minúsculo, escondendo a cabeça entre as mãos. Como teria sido minha vida se meu pai não tivesse morrido? Eu seria uma pessoa diferente? Eu desejava tanto que ele pudesse estar ali naquela noite e sentir orgulho de mim, mas ele havia ido embora há muito tempo.

Subi no palco, sabendo que a única maneira de me recompor era fazer o que eu sempre faço: ser muito sincera com o público e compartilhar o que estava no meu coração.

— Sabem — eu disse, — algo estranho acabou de acontecer comigo...

Falei sobre o incidente no camarim. Falei sobre as coisas que nos machucam, que nos ferem e sobre as coisas que não entendemos.

Compartilhei um pouco da minha infância, como meu pai havia sido um grande cristão e como havia sido divertido estar com ele.

Falei de certa noite em que ele me colocou na cama, carinhoso e amoroso como sempre, e foi dormir. Quando acordou, era outra pessoa. Uma trombose cerebral o deixou fraco e confuso, e durante os 11 meses seguintes nossa família teve que assistir à deterioração dele diante dos nossos olhos.

Não disse muito mais do que isso e rapidamente continuei com o show, mas aquela cena no camarim me acompanhou. Percebi que, apesar de ter encarado e lidado com determinadas coisas em minha vida, a memória continuava ali, pronta para lembrar-me da dor que invadira minha infância e mudara minha vida para sempre.

O ÚLTIMO BOM NATAL

Nasci em Cumnock, uma pequena cidade mineradora perto da costa oeste da Escócia. Minha mãe era uma mulher correta, que havia amado a Deus durante a maior parte de sua vida, jamais se desviando do seu caminho nem para a direita nem para a esquerda. A jornada do meu pai havia sido mais atormentada. Ele havia servido na Marinha britânica e, como muitos marinheiros jovens, havia "aproveitado" a vida um pouco. Mas quando finalmente entregou seu coração a Deus, ele o entregou completamente.

Meu pai tinha uma fé muito pragmática. Quando encontrava uma pessoa realmente necessitada, ele tentava ajudar a resolver seu problema. Não se contentava em orar; estava preparado para ser a resposta à sua própria oração. Ele era espontâneo e muito divertido. Eu o achava maravilhoso.

Frances, minha irmã, dois anos mais velha do que eu, era uma criança tranquila e modesta, ao contrário de mim. Eu era uma moleca e, quando completei três anos, queria muito ter um cachorro. Queria minha própria Lassie, que me socorreria em qualquer situação de perigo. E perigo não era o que faltava na minha vida!

Certa noite, Frances e eu já estávamos na cama, de pijama, quando nosso pai entrou no quarto.

— Sheila — ele disse, — quero que feche os olhos e estenda os seus braços.

Obedeci, e quando estendi os braços, senti algo peludo. Gritei e pulei da cama, num ataque frenético, tentando me livrar daquilo que acreditava ser um rato.

— Cuidado, cuidado! — mamãe gritou. — É um cachorrinho!

Fiquei sentada com olhos arregalados enquanto a minha mãe tentava tirar o filhote da manga do meu pijama. Era um pequeno bassê, e decidimos chamá-la de Heidi. Era pouco antes do Natal, e minha vida parecia completa. Minha mãe acabara de dar à luz um lindo menininho, que eles batizaram de Stephen. O que mais poderíamos querer?!

Bem, havia mais uma coisa: uma casa de bonecas que eu sempre quisera ganhar. Meu pai deve ter gasto bastante dinheiro nela. Como vendedor itinerante da nossa comunidade de fazendeiros, ele não ganhava muito dinheiro, mas nunca deixou faltar nada em nossa casa.

Naquele Natal, porém, de alguma forma ele conseguiu arrumar o dinheiro para a casa de bonecas, e em minha opinião aquele era o melhor Natal da minha vida.

Seria o último que eu passaria com meu pai em casa. Poucas semanas mais tarde, o pai que eu conhecia havia desaparecido. Como um ladrão, a trombose cerebral veio no meio da noite. Ele perdeu sua fala e ficou parcialmente paralisado.

A vida mudou completamente para todos nós

Não me lembro de muitas coisas do ano seguinte. Tudo estava mudado, nada era certo, e a vida passou a ser confusa. Preso em seu corpo debilitado, meu pai jamais pronunciou uma única palavra. Comunicava-se com barulhos incompreensíveis. Ele conseguia se deslocar com a ajuda de uma bengala, mas na maior parte do tempo parecia muito fraco. Como a maioria das crianças pequenas, eu rapidamente me adaptei ao estado do meu pai. Às vezes, sentava-me em seu colo e lia para ele os meus livros infantis, contando-lhe tudo que havia feito durante o dia. Acreditava que meu pai ainda me amava e ainda me entendia.

Mas com a passagem do tempo, meu pai deixou de ser um refúgio acolhedor e carinhoso e passou a agir de forma fria e imprevisível.

Começou a sofrer algo que eu chamava de "tempestades cerebrais", que o deixavam furioso e lhe davam a força de três homens. Mais tarde, quando a "tempestade" se acalmava, ele percebia o que havia feito. Ficava então sentado com o rosto apoiado nas mãos e chorava como uma criança.

Por alguma razão, toda sua raiva se voltava sempre contra mim, nunca contra a Frances ou o Stephen. Às vezes, olhava para mim como se me odiasse. Eu não sabia o porquê. Eu tinha apenas quatro anos e achava que havia algo muito errado comigo; caso contrário não olharia assim para mim.

Certo dia, pouco antes do meu quarto aniversário, eu estava ao lado da lareira, brincando com Heidi, o filhote que ele havia me dado no Natal anterior. Vi meu pai se aproximar de mim com um olhar estranho.

Ele levantou sua bengala, e naquele momento eu sabia que ele iria me bater. Em pânico, puxei sua bengala, ele perdeu o equilíbrio e caiu. Ficou deitado ali grunhindo, e eu tinha certeza de que era a culpada. Mamãe veio às pressas para ajudar-lhe, e eu corri para meu quarto e me escondi, tremendo de medo.

Em algum momento, meu pai precisou ser internado num hospital psiquiátrico, para o bem dele e o nosso.

Ele resistiu por mais alguns meses e então foi "para casa", finalmente em paz com o Senhor; mas em meu pequeno coração não havia paz. Eu passaria a acordar no meio da noite, gritando:

— Ó Deus, por que sou tão miserável? Eu me odeio!

Alguma porta em meu coração se trancou e eu enterrei uma parte da minha vida durante muitos anos.

Mamãe sobreviveu com uma renda muito pequena

Sozinha com três filhos com menos de sete anos, a oração da minha mãe passou a ser: "Deus, oro para que eu viva o bastante para ver Frances, Sheila e Stephen crescerem e aprenderem a amar e a confiar em ti. É tudo que peço de ti."

Sem renda, minha mãe decidiu que deveríamos voltar para Ayr, onde ela havia sido criada, e passar a morar em um "Council House" [Casa do Conselho] do governo — um lar que pessoas de baixa renda conseguiam alugar. O governo nos concedeu também o que na época chamavam de "pensão de viúva", cerca de 16 libras (65 reais) por semana, que ela recolhia na manhã de toda terça-feira. Lembro-me exatamente de que era uma terça-feira, porque, às vezes, na segunda-feira à noite, nós já não tínhamos mais nenhum papel higiênico!

Nunca havia o bastante para pagar todas as contas, mas, de alguma forma, minha mãe dava um jeito. Ela administrava cada centavo, e de vez em quando os membros da igreja que frequentávamos nos ajudavam. Visto que sua saúde nunca se recuperou completamente após a morte do papai, mamãe não pôde voltar a trabalhar. Ela fazia com que a pensão bastasse, manteve um lar aconchegante para todos nós e sempre estava em casa para nos receber quando voltávamos da escola.

A trombose do meu pai, seus ataques de fúria e sua morte pareciam afetar-me mais do que a qualquer outro membro da família. Eu ia à igreja e ouvia o pastor dizer:

— Aqueles entre vocês que perderam um marido, um pai ou uma mãe podem se alegrar com o fato de que, algum dia, irão vê-los novamente.

Mas eu não queria rever meu pai. Eu tinha medo dele.

Durante muitos anos após a morte dele, eu continuei tendo o mesmo pesadelo: ele vinha me pegar porque eu havia puxado sua bengala e o fizera cair naquele dia. Muitas vezes, acordava no meio da noite, molhando meu travesseiro com minhas lágrimas, e fui sonâmbula até os 16 anos. A pequena garota alegre e extrovertida se transformou em uma menina solitária, retraída e introvertida. Eu jamais perdia minha mãe de vista e ficava do seu lado sempre que possível.

Minha família acreditava que eu jamais voltaria a ser "normal", que jamais me aventuraria sozinha mundo afora e que sempre teria medo.

A única exceção foi minha mãe. Ela se ajoelhava e orava: "Deus, tu és maior do que esta situação. Que teu nome seja glorificado na vida da minha filha."

Nossa mãe foi uma inspiração incrível para todos nós. Ela acreditava que Deus providenciaria o necessário, e ela orava por aquelas necessidades com sua fé simples. Ela nunca se amargurou ou se irritou com Deus por causa do fardo que precisou carregar. Ela era uma rocha para a nossa família, e sua fé nos manteve fortes. Ela sabia que Deus é fiel.

Além do aqui e do agora

Muitas vezes, é difícil enxergar além das circunstâncias atuais. Quando você perde um emprego e não sabe se conseguirá encontrar outro antes de esgotar seus recursos financeiros. Ou quando seu namorado ou marido diz: "Eu não a amo mais. Vamos pôr um fim a tudo isso." Esses são os momentos em que achamos que Deus não é fiel. Alguns olham para o incrível desastre, a dor e o sofrimento na vida de Jó e dizem que Deus não é fiel. Mas Deus impôs limites ao que Satanás podia fazer contra Jó.

Primeiro, ele disse a Satanás: "Você pode fazer o que quiser com sua riqueza, mas não pode tocá-lo fisicamente." E mesmo quando Jó perdeu toda a sua riqueza, seus filhos e suas filhas, ele passou pelo primeiro teste de Satanás. Em vez de amaldiçoar seu Deus, ele reagiu à sua tragédia dizendo: "Saí nu do ventre da minha mãe, e nada terei quando eu morrer. O Senhor me deu tudo que tinha, e por isso era seu direito tirá-lo de mim."

Mas Satanás não gosta de perder nenhuma batalha por nossas almas. Quando voltou ao trono de Deus, ele pediu mais um teste: "Um homem dará tudo para salvar sua vida", disse, "toca seu corpo com doenças, e ele te amaldiçoará na tua presença."

Deus permitiu que Satanás executasse seu plano, mas novamente lhe impôs limites: "Faça com ele o que bem quiser, mas poupe sua vida."

Deus impôs limites às provações de Jó. E creio que ele impõe limites também às nossas provações. As Escrituras dizem: "Deus é fiel; ele não permitirá que vocês sejam tentados além do que podem suportar.

Mas, quando forem tentados, ele lhes providenciará um escape, para que o possam suportar" (1Coríntios 10:13).

Mesmo assim, você ainda pode ver Deus como um cruel administrador por permitir que Satanás causasse essas incríveis calamidades na vida de Jó. Mas Deus conhecia o resultado. Infelizmente, Jó não. E nós também não.

Muitas vezes desejamos saber o resultado das nossas vidas. Veríamos o arco-íris no final da tempestade. Eu nutri esse desejo mais tarde na minha vida quando acreditava não dar conta da minha incrível carga horária no *700 Club* durante a semana e as viagens pelo país inteiro para fazer shows no final de semana.

No entanto, hoje entendo como este desejo é arrogante. Queremos ser como Deus. E provavelmente seríamos tentados a alterar o curso de nossas vidas tomando decisões diferentes. "Acho que não vou me casar com esse cara, pois ele me fará sofrer tal coisa." Ou: "Não aceitarei este emprego, pois me demitirão de qualquer jeito durante a próxima recessão."

Às vezes, fico imaginando se não foi este desejo de conhecer o futuro que levou Eva a fazer o que fez. Ela queria ser igual a Deus. Queria ser sábia. Será que também queria conhecer o futuro? Talvez.

Entendo hoje que é uma benção não saber o que nos espera. Se eu tivesse previsto os anos entre aquele tempo e hoje — os dias em que fiquei internada em virtude de uma severa depressão, o ano seguinte em que tentei continuar com minha cura e entender como poderia voltar a servir ao Senhor (e descobrir quem eu era após deixar de apresentar o *700 Club*) —, eu poderia ter sofrido uma depressão que teria me destruído. Mesmo se tivesse visto a promessa da minha vida no fim do túnel, será que eu teria força para sobreviver àqueles anos? Eu não sei.

E se tivesse tido as forças, Deus não teria tido a oportunidade de ver como sua serva Sheila reagiu a esse teste em sua vida. Eu teria continuado porque sabia que Deus é fiel?

No início, Jó permaneceu firme em sua fé num Deus fiel, mesmo sem ver o arco-íris no final da tempestade. Quando sua esposa exasperada quis desistir de tudo em seu desespero e disse: "Amaldiçoe Deus e morra", Jó respondeu: "O quê? Devemos sempre receber apenas coisas agradáveis das mãos de Deus e jamais algo desagradável?" (Jó 2:10).

O versículo continua: "E assim nisso tudo Jó não disse nada errado." Jó sabia que Deus é fiel.

Minha mãe também sabia. Por saber que Deus é fiel, ele respondeu à sua oração "Que teu nome seja glorificado na vida da minha filha."

Quando eu tinha 11 anos, um evangelista passou por nossa cidade. Lembro-me de como ele explicou que Deus não tem netos, apenas filhos e filhas. Muitas pessoas seguiram seu apelo e foram à frente, mas eu não consegui me mexer. Mas naquela noite eu disse à minha mãe que eu queria me tornar cristã. Ajoelhamo-nos juntas no meu quarto, e minha mãe orou comigo, e eu me tornei uma filha de Deus.

Não conseguia chamar Deus de "Pai"

Curiosamente, porém, eu não conseguia orar a Deus como meu Pai. Ainda estava tentando enterrar a tragédia do meu pai no fundo do meu ser. Eu apaguei aquela noite terrível em que levaram meu pai e a substituí por uma fantasia própria: meu pai e eu estávamos caminhando na praia e, de repente, ele foi "levado para casa". Sem dor, sem gritos, sem medo, nada difícil com que eu precisasse lidar. Meu pai simplesmente foi para casa. Eu sabia para onde ele tinha ido, e eu conseguia conviver com isso.

Durante a minha adolescência, parecia existir uma regra implícita na família que proibia falar demais sobre meu pai porque eu não conseguiria lidar com a situação. Às vezes, eu caía em uma profunda depressão quando tentava lidar com meus sentimentos reprimidos. Às vezes, ficava sentada olhando fixamente para algum ponto na minha frente, enquanto minha mãe implorava que eu falasse com ela e não a excluísse da minha vida. Dentro de mim, eu queria gritar, mas simplesmente não conseguia expressar meus sentimentos. Eu me sentia como se tivesse caído num poço do qual não conseguiria sair e no qual ninguém podia me alcançar.

Enquanto eu lidava com minha revolta interior, a vida continuava, e muito do que acontecia era bom. Ao entrar na adolescência, minha voz de cantora parecia promissora, e eu comecei a ter aulas particulares com um homem maravilhoso chamado sr. Tweedle. Ele era um perfeccionista. Após minha primeira aula, ele disse:

— Sheila, sua voz parece uma mistura entre ovelha e metralhadora.

Tweedle me mandou fazer exercícios estranhos, como cantar repetidas vezes uma série incrível de fraseados diferentes. Durante algum tempo, duvidei que ele soubesse o que estava fazendo. Mas quando ele me inscreveu numa competição num festival de música, na qual venci em duas categorias diferentes, eu mudei de opinião rapidamente! O canto se tornou uma válvula muito importante para mim. Deixei de ser uma menina medrosa, que não largava a aba da saia da mãe, e passei a me apresentar na frente de pessoas — e a me divertir com isso!

O sr. Tweedle queria que eu treinasse para a ópera, mas decidi seguir outra direção quando um grupo gospel chamado *Unity* me convidou para unir-me a ele. Durante dois anos, nosso grupo de 15 pessoas viajava pela Escócia no fim de semana e nos feriados, cantando e testemunhando.

Certa noite, foi a minha vez de falar. Orei durante uma hora antes do show, pedindo que Deus me desse as palavras certas. Petrificada, falei durante 15 minutos e, por mais incrível que pareça, 14 jovens se converteram naquela noite. Fiquei tão extasiada que não consegui dormir. Essa experiência me ajudou a entender que, com Deus, era tudo ou nada. Tive que dizer ao sr. Tweedle que não poderia ser uma cantora de ópera, pois queria ser missionária.

Aos 16 anos, eu fui até à praia do nosso pequeno vilarejo de pescadores e disse: "Senhor, sou toda tua. Mas não tenho nada para te dar. Sou um caos emocional. Tenho medo de garotos. Tenho medo de tudo. Sei que sou feia. Eu me odeio, Senhor. Mas se quiseres me usar para alguma coisa, sou toda tua."

Durante os anos seguintes, eu ia ao centro da cidade com meus amigos para conversar com as pessoas na rua. Algumas eram crianças, outras eram adultas que haviam se tornado alcoólatras, mas todas elas tinham algo em comum: não tinham esperança. Era o tipo de pessoas que meu pai ajudava sempre que podia. De certa forma, estávamos continuando a obra que meu pai deixara para trás.

—————

Ponto de virada: Quando dúvidas e baixa autoestima nos paralisam, podemos desistir e aceitar essa imagem ofuscada, ou podemos nos lembrar de quem somos em Cristo.

—————

Eu estava começando a descobrir quem eu era em Cristo, assim como aconteceu também com Sandra Cerda.

DE DENTRO PARA FORA

Quando criança, Sandra Cedra se sentia um nada. Sua mãe a abandonou aos quatro anos. Seus avós a acolheram, mas seu avô começou a abusar sexualmente dela, e sua vida se transformou em um pesadelo. Toda noite, tremia na cama de medo e de vergonha. Ela queria ser amada, mas sentia-se impura e indigna de amor.

Aos 15 anos, Sandra se casou, imaginando uma cerca branca e um lar pacífico. Mas seu sonho rapidamente se dissipou. Seu marido era um homem violento, que a espancava constantemente. No terceiro mês de sua gravidez, ele a espancou com um pedaço de madeira, e finalmente ela o deixou. Ninguém que ela conhecia teve compaixão dela.

Sandra encontrou trabalho como uma dançarina topless num bar. Ela ansiava por amor e aceitação e procurava essas coisas nos olhos dos homens que frequentavam o bar. Quando não encontrou o amor que procurava, decidiu encontrar um emprego mais respeitável.

Sandra se tornou modelo para anúncios e comerciais de jornais, carreira em que ela foi muito bem-sucedida. Finalmente, conquistou seu lugar numa revista de moda praia, e as pessoas elogiavam sua beleza com frequência. No entanto, lá dentro, ela se sentia feia e solitária. Sandra começou a usar crack para abafar a dor, mas o crack não conseguiu transformar sua identidade — ela era ainda a mesma garotinha perdida. Apesar das roupas bonitas e da maquiagem perfeita, Sandra continuava se sentindo um nada.

Um caso severo de câncer de pele transformou a vida dela. Sandra me mostrou fotografias da pele infeccionada que cobria seu corpo e a impossibilitou de olhar para si mesma no espelho. Ela recebeu tratamento de radiação, mas o câncer só piorou. Seus médicos desistiram dela. Mas antes de desistir de si mesma, Sandra se lembrou de uma pessoa da família que sempre parecera estar em paz consigo mesma. Ela nunca foi tão atraente quanto Sandra, mas a graça parecia repousar sobre ela. Então, Sandra foi visitá-la.

A parenta de Sandra lhe revelou a fonte de paz em sua vida — Deus — e lhe disse que esse mesmo Deus queria muito tratá-la com carinho e compaixão. Sandra chorou quando a ouviu falar do amor de Cristo. Ela pediu que Jesus a perdoasse pelos quatro abortos e pelo estilo de vida ímpio.

Durante toda a sua vida, tentara se adaptar ao meio. Sem êxito, procurou ser aceita pela família e por meio do seu trabalho. A aprovação que recebeu por causa de sua beleza lhe deu um pouquinho de esperança. Mas essa esperança não afastou sua solidão. E o câncer roubou essa pouca esperança que lhe restava.

Agora, em seu estado menos atraente, ela sentiu como o ninguém se transformava em alguém. Quando Sandra encontrou o Senhor, descobriu que ele a havia escolhido e desejava mostrar a ela o seu carinho. Ela não havia feito nada para atrair sua atenção. Ela não podia fazer nada para perdê-la. Sandra havia procurado um pouquinho de compaixão, mas havia encontrado uma identidade, um senso de pertencer e um propósito para sua vida. Ela descobriu que, como cristã, fazia parte de "uma geração eleita, de um sacerdócio real, de uma nação santa, do povo especial [de Deus]", cujo propósito era proclamar o louvor de Deus. Segundo a primeira carta de Pedro, essa é a segurança que todos os cristãos têm.

A beleza é frágil e passageira. Uma vida construída sobre a beleza desaparecerá tão rapidamente quanto uma casa construída sobre gelo quando o verão volta. Uma vida construída sobre o amor de Deus, porém, floresce e resiste à solidão e às provações, porque o amor de Deus permanece para sempre.

Deus curou Sandra completamente. Seu rosto voltou a ser lindo, mas a beleza que ela exala agora provém da paz de saber que ela foi encontrada.

4

NENHUM LUGAR OCULTO

Quando a culpa preenche lugares secretos em nossas vidas, podemos permitir que ela nos paralise ou podemos permitir que Deus nos liberte.

Na época eu não percebi, mas minha mente e minhas emoções seguiam duas trilhas diferentes em 1972, quando eu ainda era adolescente. Uma parte minha era uma adolescente fervorosa que queria servir a Deus, e a outra parte era uma garotinha medrosa que se sentia culpada por ter puxado a bengala do seu pai, levando-o a cair, e depois o viu gritando de ódio. Eu era responsável por sua morte? Eu o levei a me odiar? Eu nunca tive certeza, e a melhor maneira de lidar com o amadurecimento era reprimir tudo dentro de mim.

Aos 19 anos, eu me matriculei no London Bible College para me formar como missionária. Já que uma mulher não podia ser pastora, eu havia decidido que a melhor opção para mim era a obra missionária, ir para a selva em algum lugar do mundo e levar o evangelho às pessoas não alcançadas. Na verdade eu não queria tanto assim ser uma missionária. Não queria viajar para longe, mas eu queria que Deus me amasse sempre. Eu realmente amava o Senhor, mas ao mesmo tempo sentia que precisava merecer seu amor. Queria que ele jamais me abandonasse.

Alguns dos meus amigos se desviavam de vez em quando, mas eu estava determinada de que isso não aconteceria comigo. Eu costumava dizer a Deus: "Eu jamais farei isso, Senhor. Sempre permanecerei firme. Sempre poderás contar comigo; sempre te amarei."

Quando olho para trás, para os meus anos de faculdade, vejo que parte da minha motivação era um desejo verdadeiro de servir a Deus, mas o que também me impulsionava era o fato de que eu queria fazer mais do que todas as outras pessoas para provar a Deus que eu merecia seu amor. Meus lugares ocultos controlavam minha vida, mas eu não me dava conta disso. Eu conhecia Deus, mas ainda precisava de seu toque libertador. Eu era como as pessoas perdidas que Jesus encontrou enquanto caminhava pelas estradas poeirentas da Palestina, indivíduos cujos lugares ocultos os mantinham presos em vidas que queriam tanto mudar.

Todos nós conhecemos a história da mulher samaritana. Às vezes, não percebemos como ela é um exemplo típico de cada um de nós. Sim, ela ansiava uma vida diferente sem lugares ocultos, sem segredos, sem noites passadas em claro tentando descobrir o que havia dado errado. A culpa a paralisava, mas ela foi capaz de se libertar de suas garras.

Jesus desvendou seu segredo com uma única afirmação: "Vá, chame seu marido e volte. Então conversaremos."

A mulher samaritana olhou para o chão e viu todas as coisas feias de sua vida; depois olhou para Jesus. O tempo de se esconder havia chegado ao fim.

"Senhor, não tenho marido."

Quando Jesus viu a alma dessa mulher solitária e sofrida, ele também viu todo o pecado e a culpa, e ele a amou: "Eu sei", ele respondeu, "você teve cinco maridos, e você não está casada com o homem com o qual vive agora."

Aí estava tudo, à plena luz do dia, revelado pelas palavras verdadeiras, mas compassivas, de Jesus. Quando olhou para o Senhor, a mulher percebeu que não precisava mais fugir. Ele sabia de tudo, e mesmo assim a amava. Sim, esse Homem era um profeta. Ele encontrou seus lugares ocultos, descobriu sua dependência de relacionamentos vazios e insignificantes. Durante toda sua vida ela havia procurado por alguém capaz de preencher seu vazio.

Tenho certeza de que muitos de nós se identificam com a história dessa mulher. Existem poucas pessoas sem lugares ocultos. Algumas se agarram a uma garrafa de uísque quando a dor se torna insuportável. Outros se encontram presos em ciclos infinitos de transtorno alimentar compulsivo para abafar o autodesprezo e a solidão. E muitas outras atacam, se escondem ou se encontram impulsionadas por algo que sofreram em sua infância.

No entanto, todos nós temos uma escolha, assim como a mulher samaritana teve. Quando a culpa está presente nos lugares ocultos de nossas vidas, podemos permitir que ela nos paralise ou podemos permitir que a luz dolorosa, mas curadora do amor de Deus nos liberte. A mulher samaritana acreditava conhecer Deus e saber como adorá-lo, mas Jesus ignorou sua teologia e foi diretamente ao que realmente importava. Aqueles que adoram a Deus devem adorá-lo em espírito e em verdade (ver João 4:24).

Ponto de virada: Quando a culpa habita lugares secretos em nossas vidas, podemos permitir que ela nos paralise ou podemos permitir que Deus nos liberte.

Foi então que a mulher percebeu que estava falando com o Messias. Ela decidiu "acertar as contas", abrir todas as portas para seu passado oculto e se expor à luz do dia. Satanás adora plantar sementes nos lugares sombrios da nossa vida. Sua fruta amarga só cresce nos lugares escuros e abafados, e quando a luz do sol cai sobre suas plantas más, elas murcham e morrem.

Nada mais ouvimos sobre essa mulher. Talvez ela estivesse entre a multidão no Gólgota naquele dia terrível e viu tudo. Quando o céu escureceu, ela deve ter se lembrado de como havia sido sua vida antes de conhecê-lo. Desde o momento em que a luz do seu amor afastou sua escuridão, ela se tornou uma mulher diferente. O inimigo já não podia mais atormentá-la com sua indignidade. Ela olhou para a face de Deus, e ele sorriu para ela.

DEUS FINALMENTE FEZ "ALGO NOVO" POR MIM

Eu conhecia a história da mulher samaritana desde a minha infância, mas não percebi o quanto tínhamos em comum. Enquanto os anos de faculdade passavam voando, eu estava tão ocupada com meus estudos, com reuniões de oração e com grupos de evangelização, que realmente cheguei a acreditar que havia encontrado uma maneira de lidar com a morte do meu pai. Mas a culpa e o medo ainda estavam enterrados em meu íntimo. Ao orar, sozinha ou em grupo, mantinha o hábito criado quando menina de raramente me dirigir a Deus como Pai. A única exceção era quando orava o Pai-nosso. Nesse caso, usava a expressão "Pai nosso, que estás no céu", mas em todas as minhas outras orações eu me dirigia a "Jesus" ou ao "Senhor".

Eu nunca me dei conta disso, e se alguém tivesse chamado a minha atenção para esse fato, creio que teria afirmado que não tinha nenhum problema em Deus ser meu Pai celestial. Eu simplesmente me sentia muito próxima de Jesus porque ele é nosso Salvador e amigo.

Outra coisa que não percebi foi como o fardo que carregava dentro de mim afetava meus relacionamentos com o sexo oposto. O London Bible College era um lugar maravilhoso para uma moça, pois havia o dobro de estudantes do sexo masculino e todos eles eram cristãos. Eu tive alguns namoros durante meus primeiros anos de faculdade, mas nenhum desses relacionamentos foi algo sério. Meu último ano, porém, foi diferente. Dave era tudo que eu poderia querer — ou assim eu pensava.

Fazíamos parte do mesmo grupo de evangelização. Ele pregava, e eu cantava. Eu acreditava que seríamos um par perfeito e que poderíamos servir ao Senhor em algum lugar após o nosso casamento. Mas nosso relacionamento não durou muito. Por mais que eu amasse Dave, algo me deixava com medo e me impedia de me entregar totalmente a uma pessoa. Eu acreditava que, quando uma pessoa se entregava completamente a outra, dava a essa pessoa o poder de machucá-la ou até mesmo destruí-la. O que eu não entendia perfeitamente era que essa filosofia era o resultado da terrível dor que eu vivenciara com meu pai.

Eu poderia ter continuado assim por muitos anos, talvez pela vida inteira, se não fosse por um dia muito especial naquele último ano de faculdade. Em cada semestre, tínhamos um Dia de Silêncio, sem preleções ou atividades escolares. Íamos à capela de manhã e à noite e podíamos passar o resto do tempo a sós com o Senhor. No culto da manhã, o pregador havia escolhido Isaías 43:18-21 como passagem bíblica. Por alguma razão, os versículos 18 e 19 ficaram gravados na minha mente:

Diz o Senhor: "Esqueçam o que se foi; não vivam no passado. Vejam, estou fazendo uma coisa nova! Ela já está surgindo! Vocês não o percebem?"

Após o culto, eu fiz uma caminhada pela floresta e levei minha Bíblia e minhas anotações diárias. Abri a Bíblia na passagem do dia. Durante todo o dia, tentei descobrir por que Isaías havia me afetado tanto. O que eu deveria esquecer, e que coisa nova Deus estava fazendo que eu ainda não conseguia ver?

Eu ainda estava refletindo sobre aqueles versículos e já estava em meu quarto, quando uma das minhas amigas me visitou para me entregar um presente. Ela havia copiado o texto com sua letra exótica. Enquanto admirava sua linda obra, eu sabia que Deus estava tentando me dizer algo. Mas naquele momento, não consegui captar a mensagem. Meu passado era um livro fechado. Ele nada tinha a ver com qualquer coisa nova que Deus pudesse estar planejando para mim.

Às dez da noite, eu estava na sala dos estudantes para assistir ao noticiário quando, por nenhum motivo aparente, meus olhos se encheram de lágrimas. Corri para o meu quarto, joguei-me na cama e chorei durante uma hora ou mais. Algum tipo de luto estava surgindo do fundo do meu ser, mas eu não conseguia identificar a causa da minha tristeza.

Por volta da meia-noite, desci para conversar com Jenny, que era a líder estudantil do nosso dormitório.

— Não sei o que está acontecendo — eu disse. — Algo está acontecendo comigo, e não sei o que fazer. Sinto-me como se não conseguisse aguentar.

Jenny não me conhecia muito bem, mas ela sugeriu que nos ajoelhássemos e orássemos juntas. Após orarmos por algum tempo, ela disse:

— Sabe, acho que Deus está tentando lhe dizer algo sobre seu pai.

Eu soltei um grunhido de tanta dor. A casa em que havíamos morado antes da morte do meu pai apareceu diante dos meus olhos. Novamente, vi seu rosto confuso e irado ao atacar-me com sua bengala. Percebi que algo estivera trancado no fundo do meu ser. Eu havia fechado a porta e de forma alguma permitiria que qualquer pessoa — nem mesmo Deus — acessasse essa parte da minha vida.

Enquanto orava com Jenny, fui capaz de encarar a dor cuja própria existência eu havia negado. Pela primeira vez, percebi que, desde que me tornara cristã quando menina, eu raramente havia chamado Deus de *Pai*. Agora, eu entendi o porquê. A dor causada pela morte do meu pai havia sido insuportável, e eu não queria vincular Deus a ela.

Voltei para o meu quarto e passei o resto da noite com uma concordância e a minha Bíblia, consultando versículos que se referiam a Deus como Pai e chorando de alegria com cada um que encontrava.

Mamãe e eu precisávamos conversar

No dia seguinte, eu sabia o que precisava fazer. Fui falar com o senhor Kirby, nosso reitor. Eu sabia que ele entenderia. De todas as pessoas que conheci no London Bible College — agradeço a Deus por cada uma delas — sinto a maior gratidão por ter conhecido Gilbert Kirby, e ele é um bom amigo meu até hoje. Bem instruído e sábio, ele sempre preservou uma curiosidade infantil em relação ao mistério do evangelho.

Minha aparência devia ser horrível, pois havia chorado a noite toda, mas ele me ouviu atentamente quando lhe contei o que havia acontecido. Finalmente, eu disse:

— Sabe, acho que preciso ir para casa. Durante todos esses anos, minha mãe e eu nunca conseguimos conversar sobre meu pai. Eu nunca tive uma fotografia do meu pai. Nunca quis ter uma. Mas agora mamãe e eu precisamos conversar.

— Acho que é uma ótima ideia — ele respondeu sem hesitar.— Creio que você deva fazer isso imediatamente. Aqui, deixe-me ver quando o próximo trem parte.

O senhor Kirby pediu à sua secretária que ligasse e obtivesse os horários dos trens. Eu rapidamente fiz a minha mala e desci para a estação ferroviária, que ficava a apenas três minutos da escola. A viagem de 725 quilômetros de Londres para Ayr durou mais de seis horas. Passei o tempo lendo a Bíblia, orando e pensando sobre o que eu diria à mamãe, o que eu lhe perguntaria após todos esses anos.

Quando ela abriu a porta, seu rosto expressava uma mistura de alegria, surpresa e preocupação — o que havia acontecido? Eu disse:

— Oi, mãe... Eu tive que voltar para casa porque... — Então, comecei a chorar. Durante alguns minutos não consegui encontrar as palavras para lhe explicar o que havia acontecido. Tudo que conseguia dizer era: "Está tudo bem... Estou bem. Estou bem."

Ela preparou uma xícara de chá e, apesar de estar ansiosa e confusa, esperou até eu conseguir dizer-lhe o que havia acontecido. Contei--lhe tudo, especialmente a parte onde vi diante dos meus olhos a nossa casa quando Jenny disse: "Acho que Deus está tentando lhe dizer algo sobre seu pai."

Eu descrevi a imagem da nossa casa que me havia vindo à mente, e ela disse:

— Sim, nossa casa era assim... Essa é a casa em que vivíamos.

Então passamos muito tempo conversando sobre coisas sobre as quais eu jamais quisera conversar, sobre como as coisas eram quando meu pai estava no hospital psiquiátrico nos meses antes de sua morte. Mamãe me contou tudo, descreveu seus sentimentos durante a doença do papai, o vazio que sua morte deixou. Ela me contou sobre o funeral e onde meu pai foi enterrado. Descreveu em detalhes como fora difícil internar meu pai num hospital psiquiátrico.

— Por vezes, eu me pergunto se me agarrei demais a ele — ela segredou, — mas foi muito difícil deixá-lo partir porque ele era meu marido e eu o amava tanto.

Conversamos, olhamos fotografias e choramos juntas durante todo o dia e noite adentro. Fiquei com a mamãe até a manhã de segunda-feira, para então voltar para a escola. Meu fim de semana com ela havia sido um tempo de cura maravilhoso. O medo e a culpa que haviam me corroído desde os quatro anos de idade estavam começando a ser retirados. Entendi que o que havia acontecido com meu pai não era culpa dele — e certamente não foi minha. Finalmente entendi que puxar sua bengala e causar sua queda não era um pecado imperdoável, mas apenas o ato de uma pequena menina aterrorizada que não entendia o que estava acontecendo com seu pai.

O poeta inglês John Donne escreveu: "Vê, Senhor, como os dois Adãos se reuniram em mim. Enquanto o suor do primeiro Adão molha meu rosto, o sangue do último Adão abraça a minha alma." Depois daquele fim de semana, fui capaz de abraçar o sangue do último Adão com uma gratidão renovada e mais profunda. Agora eu entendia a mensagem que Deus me dera no livro de Isaías: "Não viva no passado. Veja, estou fazendo uma coisa nova."

Pude me despedir do passado e me concentrar naquilo que Deus faria no meu futuro, pois eu havia permitido que seu amor me libertasse.

Muitos se escondem por trás de suas feridas

Ao longo dos anos, descobri que minha história não é singular. Muitas pessoas têm lugares ocultos onde se escondem. Onde optam por uma vida de negação e dúvida, em vez de uma vida de sinceridade consigo mesmas. Às vezes, nem sabem do que se escondem, ou por que.

Muitos de nós levamos anos para encarar os medos que se escondem em nosso passado. Nós os enterramos tão profundamente por acreditarmos que, se os soltássemos, não os suportaríamos. Não nos permitimos pensar neles nem mesmo por um momento, mas mesmo assim eles lançam suas sombras sobre nossas mentes.

A palavra grega para salvação significa "salvar, curar, fazer completo". É isso que acontece na cruz. O Pai se comprometeu a lançar sua luz e trazer a paz para os lugares mais escuros, onde se escondem o medo e a tristeza.

Infelizmente, é possível experimentar a alegria da salvação, ainda que sem permitir que Deus lance sua luz em todos os lugares que ele deseja iluminar. E os lugares que você continua escondendo servem como lar para o inimigo, onde ele crava suas garras em seu coração.

Uma das minhas passagens favoritas das Escrituras encontra-se na segunda carta aos coríntios, onde Paulo fala por experiência própria: "De todos os lados somos pressionados, mas não desanimados; ficamos perplexos, mas não desesperados; somos perseguidos, mas não abandonados; abatidos, mas não destruídos" (4:8-9). As palavras de Paulo me lembram de uma música maravilhosa de Phil McHugh. Seu refrão diz o seguinte:

> Aos olhos do céu não há perdedores
> Aos olhos do céu não há causa perdida
> Apenas pessoas como você com sentimentos iguais aos meus
> Maravilhadas pela graça que encontramos aos olhos do céu.[5]

Eu gostei e me alegrei com cada pessoa que pude entrevistar para o programa *Heart to Heart*, mas de vez em quando aparecia uma pessoa especial. Havia algo nessas pessoas que despertava em mim o desejo de embrulhá-las e levá-las para casa.

A MANHÃ SEGUINTE

Al Kasha é esse tipo de pessoa — tão caloroso e verdadeiro. Também o admiro como letrista e compositor. Ele ganhou um Oscar de melhor canção original para o filme *A manhã seguinte*, que ele escreveu com Joel Hirschhorn. A canção tornou-se também o tema musical para o filme *O destino de Poseidon*.

Ainda me lembro de ter assistido a *O destino de Poseidon* com minha mãe num pequeno cinema escocês que sempre mostrava dois filmes seguidos. De alguma forma eu me confundi com os horários, e minha mãe e eu tivemos que suportar duas horas e meia do pior filme de John Wayne que existe, antes da exibição do filme a que queríamos assistir às 21h25. Mas adoramos o filme, e naquela noite, no ônibus que nos levava de volta para casa, fiquei cantarolando: "Há de existir uma manhã seguinte..."

Acabei descobrindo que Al Kasha escreveu aquela canção após ter uma experiência muito pessoal. Ele fora criado numa família muito pobre, e ele, seu irmão e um pai incrivelmente violento moravam em cima de uma barbearia no Brooklyn. Seu pai era alcoólatra, e quando bebia muito, espancava Al e seu irmão.

Certa vez, o pai trancou Al num armário e só se lembrou de soltá-lo três dias mais tarde. A infância de Al foi um pesadelo. No Ensino Médio, conseguiu um papel na apresentação escolar do musical *Oklahoma* e ficou muito feliz por poder cantar e fazer parte do teatro. Seu pai, bêbado, invadiu o teatro da escola e protagonizou uma cena terrível. Mais tarde, o garoto foi espancado por ter ousado sentir vergonha da conduta do pai. Certo dia, Al não aguentou mais. Quando seu pai tentou atacá-lo, Al revidou, o derrubou e saiu de casa para nunca mais voltar.

A mãe de Al não o maltratou fisicamente, mas seu tratamento foi talvez mais prejudicial ainda. Ela não conseguia expressar seus sentimentos. Nunca conseguiu dizer a ele: "Ótimo trabalho, filho. Tenho orgulho de você." Em vez disso, exigia que Al sempre se superasse. Ele não tem certeza, mas talvez ela acreditasse que, se lhe dissesse: "Você conseguiu. Tenho orgulho de você", ela não conseguiria mais mantê-lo sob seu controle.

Quando conversei com Al em 1990, no programa *Heart to Heart*, eu lhe disse que havia assistido ao Oscar quando "A manhã seguinte" foi nomeada. Eu estava nervosa, como sempre estou quando assisto à cerimônia. As palmas das minhas mãos começam a suar, e eu nem fui nomeada! Sempre que alguém vence, sinto-me como se aquela pessoa fosse minha irmã ou meu irmão e me encho de alegria apesar de nem conhecê-lo.

Quando *A manhã seguinte* venceu e o nome de Al foi anunciado, eu imaginei como ele deveria estar empolgado por poder subir ao palco. Eu não sabia que ele estava lutando contra as ansiedades de uma vítima de agorafobia, o medo de espaços públicos. Os agorafóbicos têm tanto medo que preferem se trancar e se esconder do mundo por causa da imensa dor interior.

Al subiu ao palco com Joel Hirschhorn naquela noite. Sorriu e fez seu discurso, mas seu coração estava acelerado, e ele tinha medo de que pudesse sofrer um colapso na frente daquela multidão sofisticada de Hollywood.

Ele sobreviveu e mais tarde ficou imaginando o que seu irmão Larry estaria pensando. Larry era produtor na Broadway e já havia recebido um Tony — maior prêmio do teatro norte-americano — por *Applause* [Aplauso], um espetáculo com a atriz Lauren Bacall. Al sabia que Larry era o filho preferido da mãe, mesmo que ela negasse.

No dia seguinte, o telefone tocou, e Al ouviu a voz animada da mãe:

— L'Alfred, estou tão orgulhosa de você!

— É *Alfred*, mãe!— Al não conseguiu resistir e teve que corrigi-la. Por sempre pensar em Larry, ela tendia a combinar os nomes.

— Um Oscar! E aposto que algum dia você receberá um segundo Oscar!

Ele empalideceu e mal conseguiu respirar. Um segundo Oscar! O primeiro ainda nem havia secado de seu banho de ouro.

A próxima afirmação da mãe penetrou seu cérebro como uma bala e ficou alojada nele durante os próximos dez anos:

— E algum dia, querido L'Alfred, você realmente conseguirá chegar ao topo, quando você receber um Tony como seu irmão.[6]

Al passou a se dedicar ainda mais ao trabalho, recebeu outro Oscar por "We May Never Love Like This Again" [Talvez nunca venhamos a amar assim novamente], do filme *Inferno na torre*. Mas nunca era o suficiente, e ele caiu numa depressão cada vez mais profunda. Quando seu pai morreu de câncer, os sintomas de sua agorafobia se agravaram.

Começou a ter palpitações cardíacas e hiperventilava quando ia a um restaurante ou se encontrava fora de casa. Logo passou a recusar convites, e deixou de participar de reuniões.

Em algum momento, Ceil, sua esposa, não aguentou mais e pediu que ele saísse de casa. Após um mês de separação, os dois se encontraram para conversar sobre uma reconciliação. Depois do encontro, Al foi para casa, o coração pulando pela boca. Ele tentara obter tratamento para sua agorafobia, mas logo deixou de participar das reuniões de terapia, porque se acusava de ser fraco.

Al chegou em casa tão desesperado que seu corpo tremia enquanto as lágrimas escorriam pelo seu rosto. De repente, ele disse: "Deus, se estiveres me ouvindo, por favor, me ajuda." Achava que não merecia o amor de Deus, mas ele o ansiava. Ele ligou a televisão e uma imagem turva do reverendo Robert Schuller apareceu na tela. Então, ouviu as palavras: "O amor perfeito afasta todo medo."

Primeiro, Al rejeitou as palavras por achar que eram simplórias demais, mas então sua mente inverteu a ordem das palavras e ele pensou: "O medo afasta todo amor." Ele entendeu que era isso que estava acontecendo com ele. O medo havia afastado todo amor. Ele tinha medo de decepcionar sua esposa, seu filho, seu sócio, seus pais, os artistas com quem trabalhava e seus amigos. Achou mais fácil aprisionar-se em suas fobias, esconder-se do mundo.

Al continuou assistindo ao programa de Schuller. Ouviu as palavras: "Se você depositar sua confiança em Deus, você encontrará uma paz maior que jamais conheceu." Ele percebeu que sua única esperança consistia em tirar a atenção dele mesmo e voltá-la para outra coisa. Entendeu que não precisava ser perfeito e assumir toda a responsabilidade. Ele só precisava ser autêntico e sincero, e tudo que Deus queria é que ele desse o seu melhor.

Ali, em seu quarto, diante da TV, Al sussurrou uma única palavra: Jesus. Ele continuou repetindo a mesma palavra, e ao fazê-lo, seu medo se dissipou e a paz começou a encher seu coração. Ele lembra: "Sentia como se uma luz ofuscante invadisse o quarto. Parecia-me como se uma janela tivesse sido aberta. Nunca tive certeza absoluta se era uma janela da minha alma ou uma janela concreta. Mas houve uma abertura, uma cura, um florescimento que inundou meu coração."[7]

Com a TV ainda ligada, Al fechou seus olhos e adormeceu. Na manhã seguinte, ele pediu que Jesus entrasse em seu coração e se sentiu como um pássaro liberto da sua gaiola.

Mais tarde, Al voltou para sua esposa, e ambos assumiram um compromisso público com Cristo numa igreja próxima. Aos poucos, ele aprendeu a dominar seus medos confiando plenamente em Cristo. Hoje, os ataques de ansiedade não o torturam mais.

Al escreveu a letra de "A manhã seguinte" muitos anos antes de encontrar Jesus, mas tornaram-se palavras que descrevem perfeitamente a sua vida:

> Há de existir uma manhã seguinte
> Se conseguirmos sobreviver à noite.
> Temos uma chance de encontrar a luz do sol;
> Continuemos procurando pela luz.[8]

Al Kasha encontrou a luz. Ele permitiu que Cristo iluminasse seus lugares ocultos, e desde então nunca mais foi o mesmo.

5

SACRIFÍCIOS VIVOS NÃO FOGEM NA SURDINA

Quando as chamas dos problemas e da dor queimam nossa alma, podemos fugir e nos esconder do calor ou podemos ser sacrifícios vivos que permanecem no altar por amor a Deus.

Certa manhã, no outono de 1991, eu estava sentada em meu camarim quando Cheryl Gardener, a produtora de *Heart to Heart*, entrou para conversar sobre o programa daquela manhã.

— Sheila, quero que você dê uma olhada nisso. — Cheryl disse e me mostrou uma fotografia de um policial vistoso e alto de Washington. Ele parecia ter mais ou menos trinta anos.

— Parece um homem bom — respondi.

— Bom ele é. Espero apenas que não fique chocada demais quando você se encontrar com ele. Sua aparência mudou.

Fiquei horrorizada quando vi Michael. Não consegui reconhecê-lo como sendo o mesmo homem da fotografia.

Michael e eu nos sentamos para conversar, e ele me contou de seu acidente. Ele havia se tornado cristão poucos meses antes. Havia iniciado um estudo bíblico e estava animado com essa nova aventura em sua vida. O futuro parecia promissor, e Michael se encontrava no topo do mundo.

Certo dia, quando Michael estava fazendo uma patrulha, um motorista bêbado o ultrapassou em alta velocidade. Michael pediu reforços e começou a perseguir o carro. No meio de uma curva, o motorista perdeu o controle e bateu num carro, que então se chocou de frente com o carro de Michael. Michael ainda tentou desviar do carro batido, mas não conseguiu. Seu carro pegou fogo.

Quando os bombeiros chegaram, acreditavam que Michael estava morto e começaram a apagar as chamas. Quando o time de resgate percebeu que Michael estava vivo, eles o tiraram do carro e o levaram para o hospital. Michael tinha queimaduras de segundo, terceiro e quarto grau em 50% de seu corpo. Seu colete à prova de balas havia protegido seu peito. Mas os médicos disseram à sua família que, caso sobrevivesse, teriam que amputar sua perna esquerda e ambos os braços.

Michael sobreviveu. As amputações foram realizadas. Em momentos lúcidos, quando ele conseguia sair de seu estupor induzido pelos remédios, ele orava: "Deus, tu poupaste minha vida por um motivo. Confio que tu me revelarás este motivo."

O acidente desfigurou o rosto de Michael, e ele perdeu uma orelha. Não tem cabelo, e a pele em volta de seus olhos está cicatrizada — o mero ato de abrir os olhos parece lhe causar dores. Quem culparia Michael se ele preferisse se esconder num quarto escuro? Quem se surpreenderia se ele questionasse o amor e o cuidado desse Pai celestial que ele acabara de encontrar?

Nosso senso do que é correto é inato

Há algo próprio no ser humano que diz: "Eu tenho direitos!" Quando lemos em Romanos 12:1 que todos os cristãos são "sacrifícios vivos", isso soa tão nobre. Nós nos agarramos a esse pensamento maravilhoso sem jamais perguntarmos quais seriam suas implicações. Quando Paulo usou as palavras *sacrifícios vivos*, estava pensando em algo bem diferente, próprio da Antiga Aliança.

No Antigo Testamento, não perguntavam ao cordeiro como ele se sentia ao ser oferecido como sacrifício. Era simplesmente abatido e colocado no altar para ser consumido pelo fogo. Mas no Novo Testamento — na Nova Aliança — somos sacrifícios vivos. O problema é que um sacrifício vivo pode fugir do altar quando o calor fica insuportável. Deus poderia ter nos programado como robôs que o servem sem vontade própria, ao invés disso nos deu a capacidade de escolher.

Quanto mais eu caminho com o Senhor, mais compreendo que cada dia da minha vida, pelo resto da minha caminhada na terra, posso escolher entre ficar no altar ou fugir dele. Quando o calor aumenta, posso fugir e dizer: "Bem, não era isso que eu tinha em mente quando me alistei. Achei que isso me daria prazer. Acreditei que todas as minhas orações seriam respondidas, mas parece que Deus é surdo para as minhas súplicas."

Raramente, incluímos o sofrimento em nossa lista de pedidos ao Senhor. Mas quando ele aparece em nosso caminho e, pela graça de Deus, conseguimos continuar em nossa jornada, nossas vidas se transformam em mensagens de esperança para o mundo e para a Igreja. Além de Jó há muitos outros exemplos nas Escrituras de pessoas que sofreram dores ou perdas físicas e perseguições espirituais. O apóstolo Pedro, que viveu na era do Novo Testamento de intensa perseguição religiosa, foi crucificado de cabeça para baixo. Em cada caso, lemos sobre o compromisso desses homens com Deus e do entendimento de que a glória de Deus transpareceria no sofrimento deles.

Davi vivia em fuga. Ele foi capturado e aprisionado pelos filisteus. Foi ameaçado por Saul e perseguido por seu exército. Sofreu o tormento dos seguidores de Baal. No entanto, em meio ao tormento, ele se voltou para Deus:

Cumprirei os votos que te fiz, ó Deus;
a ti apresentarei minhas ofertas de gratidão.
Pois me livraste da morte e os meus pés de tropeçarem,
para que eu ande diante de Deus na luz que ilumina os
vivos.

Salmos 56:12-13

A resposta de Davi ao seu sofrimento foi parecida com a de Michael, o policial: "Deus, tu poupaste minha vida por um motivo." Davi agradeceu a Deus por salvá-lo e reconheceu o propósito divino para ele: andar diante de Deus. Davi acreditava que seu propósito nesta vida era ser fiel a Deus e honrá-lo. E sua fidelidade levaria outros a honrar a Deus.

Hoje, Michael viaja pelos Estados Unidos, visitando colégios e escolas para contar a sua história. De cabeça erguida, ele conta a jovens pessoas por toda parte que, apesar de ter o corpo queimado, sua fé continua viva e forte. Michael está muito feliz porque vê como a glória de Cristo é revelada quando milhares de pessoas veem que sua fé em Deus resistiu às cicatrizes e saiu do fogo como ouro: pura e refinada.

Michael decidiu tomar outra decisão e não fugiu do altar. Quando o calor aumentou, ele decidiu ser um sacrifício aromático para Deus, assim como Jesus (ver Efésios 5:2). Como disse o profeta Samuel: "A obediência é melhor do que o sacrifício, e a submissão é melhor do que a gordura de carneiros" (1Samuel 15:22).

===

Ponto de virada Quando as chamas dos problemas e da dor queimam nossa alma, podemos fugir e nos esconder do calor ou podemos ser sacrifícios vivos que permanecem no altar por amor a Deus.

===

Quando Jesus lavou os pés de seus discípulos, ele ofereceu o exemplo perfeito de obediência para todos nós. João deve ter se lembrado daquela noite enquanto escrevia uma de suas cartas: "Aquele que afirma que permanece em Deus, deve viver como Jesus viveu" (1João 2:6).

Quando eu era mais nova, achava que sabia tudo sobre a cena da lavagem de pés narrada no Evangelho de João. A verdade é que ainda tinha muito a aprender sobre o que ela realmente significa para a vida. Em vez de viver como Jesus viveu, decidi viver como eu queria viver, mas, é claro, continuando a ser uma cristã respeitável e obediente. Afinal de contas, eu estava apenas tentando me proteger de ser magoada. Pensava: "Quem poderia me culpar por isso?"

O altar jamais se esfriou para Joni

Basta mencionar o nome de Joni Eareckson Tada em qualquer parte do mundo, e os cristãos logo passam a sorrir. Todos nós a amamos e conhecemos a história da linda e jovem atleta tão promissora que quebrou sua coluna num acidente de mergulho.

Creio que a maioria viu o filme de Joni e leu seus livros. Sabemos que houve um momento em que ela queria morrer porque não conseguia aceitar a sua deficiência. Ela até tentou convencer seus amigos que lhe dessem os comprimidos para pôr um fim à sua vida.

Compartilhamos com Joni o sofrimento de não poder assoar seu nariz, pentear seus cabelos ou estender o braço para tocar alguém. E em tudo isso, Joni se tornou nossa heroína.

No camarim de Pat Robinson no *700 Club* há uma linda pintura feita por Joni, uma ilustração de um versículo bíblico. Ela é uma artista talentosa, uma escritora maravilhosa e uma ótima cantora. Para muitos de nós, o livro está fechado. Ela sofreu um acidente terrível; lutou com sua fé; triunfou; e agora vive feliz para sempre.

Não é bem assim. Ao longo dos anos, passei algum tempo com Joni e a cada encontro percebo que sua história continua a cada dia. Ela precisa de duas horas para se arrumar toda manhã. Durante anos, ela viveu numa cadeira de rodas, incapaz de fazer qualquer coisa sozinha.

Joni é muito sincera e tem também um ótimo senso de humor. Mas além de tudo isso, ela possui os desejos de qualquer mulher. À noite, quando seu marido volta para casa após um dia estressante como professor do Ensino Médio, ela queria poder se levantar, abraçá-lo e dizer: "Bem-vindo em casa! Como foi o seu dia?"

Ela gostaria de poder preparar um jantar à luz de velas, de fazer todas aquelas coisinhas que adoramos fazer uns pelos outros, mas ela nunca será capaz de fazê-las.

Sempre esperamos que o Senhor se apresse

Nós cristãos costumamos dizer que estamos dispostos a aprender lições de Deus, mas na verdade nossa postura diz: "Apressa-te, Senhor. Preciso resolver isso logo. Se tiveres algo a me ensinar para transformar-me em um cristão melhor, que seja. Mas se pudesses fazê-lo antes do almoço, eu realmente ficaria muito agradecido, pois minha agenda está lotada."

Durante os longos dias, as semanas, os meses e os anos de imobilidade após seu acidente, Joni teve muito tempo para as lições do Senhor. Ela aprendeu a viver dia após dia, ano após ano com um corpo danificado. Mesmo paralisada, Joni poderia ter fugido do altar tão rápido quanto qualquer outra pessoa se assim o quisesse.

Joni poderia ter desistido de Deus. Ela poderia ter odiado Deus pelo resto de sua vida por ter permitido que aquele acidente terrível acontecesse. Ela poderia ter dado ouvidos às tentações sutis de Satanás e ter sentido pena de si mesma. Em vez disso, ela decidiu ser um sacrifício vivo, e ela continua a tomar essa decisão todos os dias. Todo dia quando acorda, seu corpo a lembra de que novamente precisa tomar uma decisão — outro dia para amar a Deus, outro dia para confiar nele.

A vida seria tão mais fácil se fosse um jogo de enigmas, em que Deus nos dá dicas sobre as perguntas que devemos fazer. Assim, poderíamos resolver nossos problemas e continuar com nossas vidas. Mas a vida não é um jogo. Na verdade, é um culto de adoração, e cada um de nós é um sacrifício vivo.

Sempre que penso em Joni Eareckson Tada, eu reforço minha decisão de permanecer no altar pelos motivos certos. Como o fez também o nosso amigo Jó.

O ALTAR JAMAIS SE ESFRIOU PARA JÓ

Dê mais uma olhada na história de Jó. Ele começou seu longo discurso aos amigos exclamando: "Maldito seja o dia em que eu nasci!" (Jó 3:2). Você nunca se sentiu assim?

"Quem me dera morrer antes de ter nascido!" ele continuou. "Se eu tivesse morrido assim que nasci estaria feliz agora, descansando em paz." (3:11,13).

E por fim ele fez a pergunta: "Por que deixar viver um homem que só terá sofrimento, uma vida que Deus cercou de tristeza por todos os lados?" (3:23).

O altar de Jó estava em chamas. Pouco tempo mais tarde, ele exclamou: "Quem dera que Deus ouvisse meus pedidos e atendesse o meu desejo! Quem dera que ele me esmagasse com sua mão em vez de me deixar sofrendo tanto!" (6:8-9).

Observe que Jó não pensou em cometer suicídio, como o fazem alguns hoje em dia. Ele não procurou um médico que lhe ajudasse a morrer. E podemos apenas imaginar a dor que ele suportou quando diz: "Minha pele está coberta de vermes e de uma casca escura. Feridas antigas voltam a se abrir e ficam cheias de pus. Minha vida se acaba rapidamente, veloz como o vento. Meus dias são vazios e sem esperança." (7:5-6).

Jó permaneceu no altar por mais 37 capítulos, e só Deus sabe o tempo que esses capítulos representam, pois as Escrituras não nos dizem quanto tempo se passa.

Por que Jó permaneceu no altar? No meio de sua experiência, coberto de bolhas e abalado pelas acusações de seus amigos, Jó disse: "Mas apesar disso tudo, eu sei que o meu Redentor vive e finalmente aparecerá na terra. Eu sei que mais tarde, 'vestido' com um novo corpo, estarei na presença de Deus. Sim, eu verei Deus face a face! Ninguém vai precisar me contar coisas sobre ele! Como desejo que esse dia chegue logo!" (19:25-27).

Jó e Joni não são os únicos servos de Deus que decidiram permanecer no altar. Muitos cristãos contemporâneos, não tão famosos quanto Joni, permaneceram no altar e suportaram desastres que poderiam ter acabado com eles, pessoas como Kathy Bartalsky.

Preparada pelo sofrimento

Kathy e Steve Bartalsky ouviram o chamado para a obra missionária. Steve era piloto de helicóptero e havia sido aceito para trabalhar em Camarões pela organização Helimission, um grupo que leva o evangelho e remédios a áreas e tribos não alcançadas. Steve e Kathy tinham um bebê recém-nascido, e a família queria que eles esperassem até que a criança estivesse um pouco maior antes de partir. Mas o casal Bartalsky acreditava que ela ficaria bem.

Pouco antes de partirem para Camarões, o bebê de Steve e Kathy foi diagnosticado com meningite espinhal. Morreu aos três meses de idade.

Os Bartalsky adiaram sua viagem. Quando se recuperaram de sua perda, seu desejo de servir retornou com mais força ainda. Por fim, adotaram um garoto, Colby, e os três partiram em direção a Camarões.

A Helimission tem uma visão única e muito focada. Em 1986, um gás venenoso matou 1700 pessoas no Lago Nyos, e a equipe da Helimission foi capaz de resgatar os sobreviventes. Quando as pessoas reconstruíram suas aldeias na região, os pilotos da Helimission levaram 65 estudantes da Bíblia até eles, e 1346 pessoas entregaram suas vidas a Cristo.

Steve e Kathy sabiam que estavam cumprindo a vontade de Deus para suas vidas quando participaram da missão. Apesar das dificuldades, eles tinham em si uma paz inconfundível que resulta da certeza de estarem onde deveriam estar.

Certo dia, Steve levou suprimentos para o interior da Uganda. Ele decolou da capital de Camarões, que ficava a seis horas da aldeia em que Steve e Kathy viviam. Steve e Kathy haviam decidido que Colby ficaria com um amigo e que Kathy iria de carro até a capital para pegar o Steve quando ele retornasse.

Kathy seguiu o plano e estava no aeroporto para receber Steve. O casal entrou num restaurante para tomar um refrigerante antes da longa viagem de volta para casa. Pouco antes de saírem, receberam uma ligação.

Acidentalmente, Colby havia bebido um pouco de veneno. Ele estava morto. Durante a viagem para casa, Kathy e Steve ficaram em silêncio devido ao choque.

No dia seguinte, Kathy e Steve enterraram seu segundo filho, dessa vez num túmulo em terras estrangeiras.

Em sua agonia, Kathy questionou Deus: "Por que tu farias isso uma segunda vez conosco? Estamos aqui porque tu nos chamaste. Qual é o sentido de todo esse sofrimento?" Ela se lembrou do versículo em Salmos que promete que aqueles que honram a Deus viveriam para ver seus filhos reunidos ao redor de sua mesa. "O que isso significava?", ela se perguntou, pois lá estavam ela e Steve, sozinhos, seus dois filhos mortos antes deles.

Os sofrimentos de Kathy a fizeram olhar longa e intensamente para a face de Deus para ver se ele ainda era um Deus que a amava. Enquanto o contemplava e questionava, Deus lhe mostrou um novo nível de amor e lhe deu uma nova paixão para servi-lo, independentemente do custo.

Dois meses depois, Steve e Kathy se mudaram para Adis Abeba, na Etiópia, para ajudar na luta contra a fome. Esqueceram suas próprias dores em seu esforço de satisfazer as necessidades das pessoas naquela região. Mas logo a tragédia voltou a atacar o casal.

Apenas três meses após sua mudança para Adis Abeba, um grupo de homens bateu à porta de Kathy. Um dos homens deu um passo à frente.

— Kathy! O Steve...

Todos os homens olharam para o chão quando o porta-voz disse:

— Hoje, seu helicóptero caiu com ele, Kathy. Não havia nada que pudéssemos fazer. Ele... Steve está morto.

Ao relembrar os eventos, Kathy me disse:

— Sempre que acreditava ter dado tudo a Deus, descobri que havia mais a dar.

Suas palavras me lembraram da carta de Paulo aos filipenses:

Mais do que isso, considero tudo como perda, comparado com a suprema grandeza do conhecimento de Cristo Jesus, meu Senhor, por cuja causa perdi todas as coisas. Eu as considero como esterco para poder ganhar a Cristo e ser encontrado nele, não tendo a minha própria justiça que procede da lei, mas a que vem mediante a fé em Cristo, a justiça que procede de Deus e se baseia na fé. Quero conhecer a Cristo, ao poder da sua ressurreição e à participação em seus sofrimentos, tornando-me como ele em sua morte para, de alguma forma, alcançar a ressurreição dentre os mortos.

Filipenses 3:8-11

Paulo perdeu tudo; no entanto, via suas perdas como esterco em comparação com o ganho que teve em Cristo Jesus.

Paulo preferia conhecer Cristo e ser participante na sua dor a agarrar-se à sua posição ou à sua própria justiça, que resultavam de observar a Lei. O desejo de Kathy de conhecer Cristo era maior do que seu desejo de agarrar-se a seus dois filhos ou a seu marido e de tê-los novamente de alguma forma. Ela usou seus sofrimentos para virar parceira de Cristo por meio de sua tristeza. E ela prosseguiu como Paulo: "Esquecendo-me das coisas que ficaram para trás e avançando para as que estão adiante, prossigo para o alvo, a fim de ganhar o prêmio do chamado celestial de Deus em Cristo Jesus" (Filipenses 3:13-14).

Kathy pediu que os amigos de Steve a levassem para o local onde seu helicóptero caíra. Lá, na clareira no meio da floresta, entre os destroços da máquina de seu marido, Kathy se sentiu como se estivesse pisando em solo sagrado. Steve havia voltado para casa vitorioso naquela clareira. Kathy queria tirar seus sapatos.

— Se acreditarmos em Deus apenas pela benção que ele pode nos dar — disse Kathy, — a nossa fé nele não está fundamentada em amor e confiança, mas em nossos desejos egoístas e nosso próprio conceito daquilo que acreditamos que Deus nos deve.

Kathy está feliz. Ela ainda é jovem e bonita. A dor não a endureceu. Mas quando olho para Kathy, parece-me que a frivolidade da vida foi retirada dela. Ela deixou para trás muitas coisas que não importam e está se agarrando ao melhor que Deus tem a oferecer: ele mesmo.

Conhecer Kathy me ajudou a acreditar pela primeira vez que podemos ser felizes quando sofremos, porque o sofrimento nos prepara para aquilo que realmente importa e que durará para sempre.

6

SEJA UM AMIGO DE DEUS, E NÃO APENAS UM SERVO

O serviço cristão é um substituto fraco para o próprio Jesus. Precisamos perguntar-nos: "Quero me esgotar fazendo coisas para Deus ou quero a melhor parte — ser seu amigo e conhecê-lo face a face?"

— *S*into muito, Sheila, mas você terá que cancelar sua turnê. Você tem um nódulo em sua corda vocal esquerda. Você não só não deveria cantar, como também não deveria falar durante algum tempo.

Na primavera de 1984, quando ainda vivia na Inglaterra, o melhor otorrinolaringologista de Londres começou a guardar seus instrumentos, enquanto eu fiquei sentada, estupefata. A dor na minha garganta surgira havia uns dez dias. Fui ao meu médico, que me deu antibióticos que deveriam resolver o problema. Mas não resolveram o problema; na verdade, minha garganta piorou muito.

Em seguida, orei com os líderes da minha igreja, pedindo cura. Apesar de nunca ter sido do tipo que precisasse de um milagre todos os dias antes do café da manhã, eu acreditava 100% que eu seria curada. Essa turnê era simplesmente importante demais para permitir que Satanás vencesse. Na verdade, após a reunião de oração, saí para o jardim e, caminhando para lá e para cá, agradeci por tudo que Deus havia feito na minha vida, incluindo essa cura. Mas depois, estava mais rouca do que nunca.

A turnê começaria em poucos dias, por isso, marquei uma consulta com o maior especialista de Londres, esperando que ele me desse uma pílula milagrosa ou talvez uma injeção que, de alguma forma, me permitisse cantar.

Agora, estava sentada ali em choque e descrença. Eu viera para ser salva, não para receber um veredito fatal. O médico não entendia que 25 mil ingressos já haviam sido vendidos para a maior turnê de shows cristãos na história da Inglaterra?

— Quanto tempo não poderei cantar ou falar? — perguntei. — O senhor está absolutamente certo de que não poderei fazer essa turnê?

— Absolutamente! — ele respondeu com a firmeza de um especialista. — Você não poderá cantar nem deverá falar durante pelo menos trinta dias. Depois, veremos. Pode até ser que eu tenha que fazer uma cirurgia e que você nunca mais volte a cantar.

Como poderia cancelar a turnê?

Saí do consultório do médico e pisei numa calçada agitada num daqueles dias ensolarados que às vezes ocorrem em maio. A brilhante luz do sol parecia zombar do meu humor sombrio. Sombrio? Estava mais perto de total desespero. Como explicaria ao meu agente e à minha equipe que a turnê estava cancelada? Eles haviam investido inúmeras horas organizando tudo, e tínhamos certeza absoluta de que a mão de Deus havia acompanhado cada passo.

No ano anterior, eu havia me tornado apresentadora do *Rock Gospel Show*, um programa de trinta minutos de duração que era transmitido uma vez por semana para mais ou menos quatro milhões de espectadores. A política da BBC me proibia falar muito sobre minha fé pessoal, mas as músicas cristãs e meus breves comentários já bastavam para que as pessoas me escrevessem perguntando sobre o Deus do qual eu estava falando. "Quem era esse Jesus? Como eu poderia conhecê-lo?"

Meu agente e eu havíamos nos perguntado como eu poderia alcançar essas pessoas, e então tivemos a ideia: uma megaturnê por todo o Reino Unido, nos maiores teatros de cada região. Tudo havia corrido bem — até aquele momento. Os ingressos estavam esgotados para a maioria dos teatros, mas agora todos os shows precisariam ser cancelados. Peguei o trem e voltei ao subúrbio. Meu agente já estava me esperando na estação.

— Ele lhe deu algo? — foi sua pergunta imediata. — Ele lhe deu algum spray ou qualquer coisa para a dor?

Obedecendo às ordens do médico, comecei a escrever num pedaço de papel. Ele havia me dito: "A partir do momento que você sair daqui, quero que não diga mais nada. Use esse bloco e essa caneta por enquanto."

Assim, meu primeiro bilhete dizia: "Você precisa cancelar a turnê."

Ele olhou para mim totalmente descrente:

— Como assim, preciso cancelar a turnê?

Percebi que jamais conseguiria escrever rápido o bastante para responder a todas as suas perguntas, por isso, decidi desobedecer à ordem do médico uma única vez.

— Tudo bem, falarei com você agora, mas só agora. O médico me disse que tenho um nódulo em minhas cordas vocais, e não posso falar nem cantar durante um mês. Talvez tenha que fazer uma cirurgia, e é possível até que eu não volte a cantar. Não posso lhe dizer mais por ora. Você precisa apenas saber que terá que cancelar a turnê. Sinto muito.

Quando cheguei em casa, parecia que uma nuvem preta havia se alojado em cima da minha cabeça. Enquanto isso, meu agente foi para seu escritório e fez ligações para falar com a banda e os agentes locais, e para a companhia de seguros a fim de saber se a nossa apólice cobriria todas as perdas.

Assim que a notícia se espalhou, o telefone começou a tocar. Principalmente as esposas dos membros da banda queriam falar comigo. Uma mulher que eu sempre admirara me disse:

— Creio que Deus lhe fez isso porque você tem se fixado demais em si mesma; você expulsou Deus do trono, por isso, ele teve que calá-la.

Depois, outra mulher ligou e disse:

— Veja, Sheila, precisamos apenas ter bastante fé. Se você e eu tivermos bastante fé, essa turnê ainda pode acontecer.

Não aguentei esse tipo de pressão, Novamente, desobedeci ao meu médico e lhe disse sussurrando:

— Veja bem, eu orei. Pedi que Deus me curasse, e não aconteceu. O médico disse que há um nódulo...

A mulher ao telefone era como um terrier com seus dentes cravados em minha perna — ela simplesmente não largou do meu pé. Insistiu:

— Bem, basta ter mais fé, então...

PRECISEI FICAR A SÓS COM DEUS

Percebi que não conseguiria descansar minha voz no meio dessa confusão. Precisava me afastar de todos esses cristãos bem-intencionados e resolver isso a sós com Deus. Meu pastor me ajudou a encontrar pessoas que me cederam sua casa de férias na costa sul da Inglaterra.

Juntei algumas coisas e levei minha cachorra, Tilly, que seria minha única companheira durante dez dias de oração e jejum na pequena casa de praia. (Tilly era a única criatura que eu queria ver durante esse tempo, pois ela abanava o rabo independentemente se eu cantasse ou não.)

Logo eu estava sozinha e, como Jó, a minha primeira pergunta foi: "Por quê?" Eu simplesmente não entendia. Deus não sabia que grande celebração ele poderia ter no céu após a turnê com todos os novos cristãos conquistados durante a turnê? O que estava acontecendo? As esposas dos membros da banda estavam certas? Eu estava "me achando"? Faltava-me a fé para acreditar na cura?

Durante dez dias, orei, jejuei, caminhei na praia e perguntei a Deus: "Por quê?" Tentei examinar a minha vida, enquanto aquelas palavras não saíam da minha cabeça: *Talvez você nunca mais volte a cantar*. Era isso que Deus tinha em mente? Cantar era a minha vida. Desde que me formara pelo London Bible College, um dos meus propósitos principais havia sido glorificar Deus por meio da minha voz. Eu havia trabalhado com a British Youth for Christ. Havia gravado discos e feito turnês na Europa e nos Estados Unidos. Eu havia cantado em todo tipo de lugar, em catedrais gigantes na Europa e em igrejas minúsculas nas regiões rurais do Kansas.

E agora estava tudo terminado?

Tive que me perguntar se amava meu ministério de música mais do que amava Jesus. Após dez dias de oração e jejum, continuei sem respostas.

Na última manhã de minha estadia, voltei para a praia perto da casa. Enquanto observava as ondas se quebrarem na areia, percebi a presença de um cobertor do amor de Deus. Eu não sabia mais o que dizer, assim como Jó não sabia.

Sua ladainha de "se" estende-se por um capítulo inteiro (ver Jó 31). Ele recapitulou todos os "se" dos quais seus amigos o haviam acusado: "Se eu tiver mentido e enganado... Se eu tiver cobiçado a esposa de outro homem... Se eu fui injusto com meus servos... Se eu tiver prejudicado os pobres e causado o choro de viúvas ou me recusado a alimentar os órfãos famintos... Se eu tiver depositado minha confiança no dinheiro... Se eu me regozijei com a dor do inimigo... que o Todo-poderoso me mostre que eu errei."

Enquanto orava na praia naquela manhã, eu disse a Deus:

— Ok, eu desisto. Se for verdade que amo minha carreira mais do que a ti, se eu estiver em algum estado exaltado de egoísmo, então, por favor, tira tudo de mim. *Não me devolvas a minha voz.*

Até então eu não estava disposta a dizer a Deus que eu não precisava mais da minha voz. Mas quando disse aquelas palavras, senti a diferença. Nos momentos seguintes, tive a impressão clara de que Deus estava dizendo: "Sheila, você não entende que eu a amo pelo que você é e não pelo que você faz? Você depositou toda a sua segurança no fato de ser Sheila Walsh, a cantora, a evangelista, a palestrante, a pessoa que vai para as ruas e faz tudo por mim. Mas não é por causa disso que eu a amo. Não me importa se você cantará novamente ou não. Eu não preciso que você faça algo por mim. Eu simplesmente amo você."

Ponto de virada: O serviço cristão é um substituto fraco para o próprio Jesus. Precisamos perguntar-nos: "Quero me esgotar fazendo coisas para Deus ou quero a melhor parte — ser seu amigo e conhecê-lo face a face?"

Ali na praia, vulnerável e de mãos vazias, percebi que, naquele momento, eu era mais rica do que jamais sonhara. O serviço cristão é um substituto fraco para o próprio Jesus. Precisamos nos perguntar se preferimos nos esgotar fazendo coisas para Deus, ou se queremos a melhor parte: ser seu amigo.

DEUS TEM MUITOS SERVOS, MAS POUCOS AMIGOS

Durante os dez dias de caminhadas na praia, essa foi a única resposta que Deus me deu, mas era o bastante. Entendi que, para Deus, existia uma grande diferença entre servidão e amizade. Na noite antes de morrer na cruz, Jesus disse aos seus discípulos que não queria chamá-los de servos. Queria chamá-los de amigos porque ele havia compartilhado com eles tudo que ouvira de seu Pai celestial (ver João 15:14-15).

Por meio desses versículos, pude ouvir a voz de Deus me dizendo: "Sheila, tenho muitos servos, mas poucos amigos. Tenho muitas pessoas que vão a lugares por mim, que fazem coisas por mim, mas poucas que simplesmente me amam."

Esse pensamento ficou gravado na minha mente e no meu coração, e eu decidi ser um dos amigos de Deus, não importava o quanto isso me custaria.

Percebi que nunca havia perguntado a Deus se ele queria que eu fizesse a turnê. Acho que pretendíamos fazer uma festa surpresa para ele. Agora compreendi que Deus não queria que eu corresse para todos os lados fazendo coisas por ele. Ele estava interessado na minha amizade, no meu amor, no meu companheirismo.

Hoje ainda não compreendo tudo que aconteceu na época. Não entendo por que as coisas deram errado e por que algumas pessoas se sentiram magoadas com o cancelamento da turnê. Mas uma última impressão jamais enfraqueceu: não importava se eu nunca mais voltasse a gravar um disco, se eu nunca mais voltasse a cantar uma música, se eu deixasse de alcançar o topo das "paradas cristãs". Tudo que importava era quem eu era para Jesus. Naquele dia, lembrei-me de algo que minha mãe havia dito quando eu era ainda uma garotinha: "A pessoa que você é quando está a sós com Jesus é quem você realmente é."

Isso vale para todos nós. A pessoa que somos aos olhos de Jesus Cristo, nosso Salvador e Amigo, é quem somos de verdade. Nossa imagem na opinião pública não importa. Quem somos quando estamos a sós com o Senhor? O resto é mera teoria.

"Sheila, sua garganta está curada."

Alguns dias após voltar para casa, voltei ao médico. Haviam passado pouco mais de duas semanas desde o dia em que ele me instruíra a não falar. Ele fez um raio-X e, após analisá-lo, olhou para mim com um olhar de surpresa.

— Sheila, o nódulo desapareceu. Simplesmente desapareceu. Mesmo assim, sugiro que vá com calma e fale pouco durante as próximas duas semanas, mas tudo indica que sua garganta está curada.

Voltei para casa me sentindo nas nuvens. Sentei-me para expressar meus sentimentos e meus pensamentos em algum tipo de música. Ao longo dos dias, pensei em como os trapezistas precisam de alguma rede de segurança quando começam. Mais tarde, tornam-se mais confiantes e retiram a rede. Era uma imagem espiritual daquilo que eu havia feito com a minha vida. Eu havia decidido que já era experiente o suficiente para fazer tudo por conta própria e que não precisava mais da rede de segurança. Deus me devolveu a voz, mas me deu também uma advertência suave.

Servir a Deus é importante, é até vital, mas isso jamais deve ofuscar o fato de que acima de tudo ele é nosso Amigo, e de que sem sua amizade a vida é fútil. O cristianismo não funciona na base de um contrato entre empregador e funcionário. É um relacionamento entre um Pai celestial e os seus filhos.

Jó: servo e amigo de Deus

Nas cenas iniciais da história de Jó, Satanás o acusa de ser um bom funcionário de Deus porque ele saía no lucro. Deus não concordou, e esse confronto gerou a grande luta cósmica entre o bem e o mal travada na vida de um homem.

A reação de Jó ao incrível desastre, à dor e ao sofrimento prova que ele era mais do que um simples servo que levava uma vida justa porque isso lhe rendia uma boa recompensa. Após o primeiro ataque de Satanás, Jó continuava vendo Deus como seu amigo. Ainda dizia: "O Senhor o deu, o Senhor o levou; louvado seja o nome do Senhor" (Jó 1:21).

Mais adiante, quando ele debatia com seus três amigos, que tentavam convencê-lo de que seus pecados haviam causado seu sofrimento, Jó reconheceu que tinha uma queixa grande, pois a mão de Deus parecia pesar muito contra ele. Queria encontrar Deus para apresentar sua causa a ele. Sabia que Deus o ouviria. Jó disse:

> Mas ele conhece o caminho por onde ando;
> se me puser à prova, aparecerei como o ouro.
> Meus pés seguiram de perto as suas pegadas;
> mantive-me no seu caminho, sem desviar-me.
> Não me afastei dos mandamentos dos seus lábios;
> dei mais valor às palavras de sua boca, do que ao meu pão de
> cada dia.
>
> Jó 23:10-12

Vemos repetidas vezes na história de Jó que havia algo mais entre ele e Deus do que uma relação de um empregador com seu empregado. Ele era servo de Deus, sim, mas era também seu amigo. Durante toda a sua crise, as reações de Jó provam que ele não servia a Deus porque queria ser recompensado por ele, mas porque queria dar a ele algo de sua mais íntima essência. Jó não serviu a Deus porque o temia ou porque se sentia obrigado. Ele serviu a Deus por amor, e é isso que acontece entre amigos.

Às vezes, é fácil nos perdermos no "serviço" cristão. Podemos ser membros de todas as comissões e frequentar todos os grupos de oração; oferecermo-nos como voluntários sempre que precisam de alguém na igreja. Podemos nos esgotar fazendo coisas por Deus e perdê-lo de vista no meio de todas as atividades. No fim, apenas nossa lealdade a ele como pessoa e amigo nos sustentará quando a vida se mostrar dura. Foi isso que eu aprendi, e foi isso que muitos cristãos que conheci também aprenderam.

Dave Boyer pediu ajuda a seu amigo

Eu nunca havia encontrado Dave Boyer antes de ele subir ao palco para cantar num banquete do qual eu estava participando. Eu o ouvira cantar algumas vezes, mas o que ele fez naquela noite foi impressionante. Ele começou a compartilhar, não apenas os sucessos e as coisas boas, mas também as lutas que travara na vida.

Muitas das pessoas presentes naquela noite que conheciam Dave conheciam sua história. Antes de conhecer o Senhor, ele estivera metido em encrencas. Mas naquela noite, ele nos contou de uma segunda luta. Após se converter, ele teve que combater as mesmas coisas que haviam ameaçado destruir sua vida antes de sua conversão.

Fiquei tão impressionada com Dave naquela noite que eu o convidei para participar do programa *Heart to Heart*. Ele aceitou meu convite para compartilhar a sua história.

Algumas semanas mais tarde ele nos visitou em Virginia Beach. Quando o entrevistei para o programa, fiquei maravilhada com sua humildade e autenticidade enquanto compartilhava com nossos espectadores o tipo de vida que ele levara antes de conhecer Jesus, e o que aconteceu mais tarde quando começou a escorregar de novo.

Dave cresceu numa família piedosa e participou ativamente da igreja na qual seu pai era o pastor. Ele cantava no coral e cumpria outras funções regularmente. No entanto, nunca levou seu relacionamento com Jesus muito a sério, e aos 15 anos de idade começou a perseguir uma carreira como cantor profissional.

Aos 18 anos assumiu o nome artístico de "Joey Stevens" e começou a atuar como mestre de cerimônias no 500 Club em Atlantic City, onde astros como Frank Sinatra, Dean Martin, Jerry Lewis e Sammy Davis Jr. se tornaram seus heróis.

Mas toda essa vida em casas noturnas exigiu seu preço, e o casamento de Dave passou a ter problemas. Ele começou a beber muito e a usar drogas. Às vezes, tratava sua esposa e sua filha de forma agressiva, e finalmente o casal se separou.

Lá no fundo, Dave sabia que algo estava errado, mas ele parecia incapaz de lidar com isso. Seu pai, um homem santo, havia sido muito importante em sua vida. Enquanto Dave enfrentava todos os seus problemas, seu pai morreu. Algo se quebrou no íntimo de Dave.

Certa noite, Dave caminhou em direção aos trilhos ferroviários, onde pretendia esperar por um trem a fim de pôr um fim à sua vida. Uma pequena igreja metodista, pela qual passou naquela noite, trouxe de volta as lembranças da igreja de seu pai. Desesperado, Dave se jogou na escada da igreja e bateu sua cabeça contra a porta, gritando: "Deus, deixa-me viver para ti! Dá-me forças." Naquele momento de desespero, Dave compreendeu que Deus o amava como amava todas as pessoas, e experimentou um momento de paz e segurança.

Dave conseguiu chegar até a um telefone público e ligou para o irmão, que havia assumido a posição de pastor na igreja do pai deles. Combinaram um encontro, e após orar por algumas horas com seu irmão, Dave entregou sua vida a Jesus Cristo pela primeira vez em sua vida.

E Deus passou a fazer muitos milagres em sua vida. Dave conseguiu vencer sua dependência de álcool e de drogas. Ele se uniu novamente à esposa e à filha, e juntos começaram a construir um lar centrado em Cristo.

Para mostrar sua gratidão, Dave começou a cantar para o Senhor e rapidamente tornou-se o número um da música cristã no estilo big band. Ele começou a ser contratado para shows e logo sua agenda ficou extremamente lotada. Logo percebeu, como muitos outros, que o *show business* cristão o estava deixando esgotado. Raramente conseguia descansar aos domingos e se reunir com sua própria comunidade para receber apoio e alimento espiritual. Estava sempre em alguma cidade, servindo a outros.

Aos poucos, Dave voltou a beber. Ele abandonou seu Amigo verdadeiro e começou a se apoiar em um velho amigo, que, na verdade, era tudo, menos seu amigo.

Certa noite, um pastor veio falar com Dave e perguntou:

— Dave, como você está?

Dave respondeu com o que todos costumamos dizer quando tentamos esconder o que realmente está acontecendo dentro de nós:

— Estou bem, irmão, obrigado.

— Não, Dave — seu amigo respondeu. — Fale sério, como você está?

Dave reconheceu que chegara ao fim da linha, e então se abriu e clamou por ajuda. Naquele momento, Deus interveio e o pegou pela mão antes de ele cair. Justo no momento em que seus dedos estavam escorregando, em que sua mão estava perdendo a força, a mão mais forte de Deus o pegou e não permitiu que ele caísse.

Não podemos conquistar a amizade de Deus

Enquanto ouvia a história de Dave, muitas coisas passaram pela minha cabeça. Lembrei-me de outras pessoas em posições de autoridade — pastores, professores, demais líderes — que precisam desesperadamente de ajuda, mas que se sentem incapazes de estender seus braços e dizer: "Por favor, ajude-me! Estou passando por dificuldades".

Muitos cristãos se encontram escravizados por seus próprios ministérios, presos a um pensamento que lhes diz que não podem ser autênticos, sinceros ou abertos porque isso minaria seu testemunho — e sua posição.

Achei maravilhoso que Dave tenha sido capaz de pedir pela ajuda de que precisava. Sua história me lembrou novamente de que o ministério é um substituto fraco para a amizade de Jesus.

No final do programa, Dave se levantou e cantou "Calvary Covers It All" [O Calvário pagou o preço por tudo]. No silêncio do estúdio, chorei de gratidão pelo fato de que, quando estragamos tudo, quando caímos de cara, quando tentamos em vão, *existe um lugar para onde podemos ir*. Não importa se você tem nove ou noventa anos de idade, não importa se você conhece o Senhor há duas semanas ou há vinte anos, você pode sempre se dirigir a ele e dizer: "Por que eu me afastei? Você era a minha vida. Você me ensinou pacientemente a voar, e este foi meu grande erro. Pensei que podia voar sozinha. Mas não posso. Por favor, segure-me. *Não me solte!*"

Foi isso que eu disse a Deus naquele dia na praia, quando precisava encarar a realidade de que talvez nunca mais pudesse cantar. Estava pedindo que Jesus me ajudasse. Eu sabia que não conseguiria passar por aquilo sozinha. O melhor especialista de Londres havia me dito que eu talvez nunca voltasse a cantar. Mas o mais importante naquele momento foi que eu não queria tentar vencer aquela situação sozinha. Não importava o que Deus tinha preparado para a minha vida. Ser sua amiga me bastava.

7

A SIMPLICIDADE AJUDA A MANTER OS PÉS NO CHÃO

Quando este mundo complexo e artificial tenta nos conformar a um padrão moderno e sofisticado, podemos ceder ao orgulho ou viver com humildade a simples verdade do evangelho.

Foi em 1987, na autoestrada, poucas semanas após eu começar a trabalhar como coapresentadora do *700 Club*. Acho que você poderia dizer que minha integridade levou um tapa na cara e, para dizer a verdade, eu mereci!

Eu liguei o rádio, esperando receber um pouco de inspiração de uma das estações cristãs, e uma música familiar encheu o carro. O vocalista era uma pessoa que eu conhecia bem na indústria musical cristã. No passado, aquela música teria me dado o que eu estava esperando receber. Eu a ouvia enquanto fazia meus deveres de casa e, em vez de me afogar em tédio, acabava fazendo a festa. Mas nessa noite, a música não me deu nada.

As letras da música não chegavam nem perto daquilo que eu estava sentindo e sofrendo, especialmente por outras pessoas, naquele momento. Após passar algumas semanas no *700 Club*, eu havia desenvolvido uma nova sensibilidade em relação àquilo que estava acontecendo no mundo e ao quanto as pessoas precisavam do toque curador de Cristo.

Meus amigos me disseram que eu estava vendendo minha alma

Quando contei aos meus amigos que eu estava orando por sabedoria após receber o convite de Pat Robertson de me tornar coapresentadora do *700 Club*, alguns me disseram: "Se você aceitar esse emprego, você se afundará na televisão cristã e jamais voltará a respirar ar puro. Você acabará se isolando do mundo real. Você acabará vendendo sua alma à 'Brigada das Senhoras Conservadoras'!"

Mas algo engraçado aconteceu comigo a caminho da irrelevância. A partir do primeiro dia, apresentar o programa me fez sentir como se Deus jogasse um balde de água fria na minha cara todas as manhãs. Percebi que, apesar de achar que sabia de tudo sobre necessidades e sofrimentos, eu não sabia nada.

Eu havia feito muitos shows cristãos e até mesmo aconselhado pessoas após os espetáculos, mas agora parecia que tudo isso não havia passado de uma escola dominical para pessoas cristãs bem-educadas. Todos nós nos divertíamos para então voltar para casa, dizendo: "Puxa! Hoje nós realmente conseguimos satisfazer algumas necessidades!"

Tenho certeza de que isso era verdade, mas agora percebi que havia muito mais. Agora, eu lidava diariamente com pessoas que haviam sido criadas em incrível pobreza, pessoas presas na armadilha da prostituição, das drogas, do abuso infantil e em uma miríade de outras tragédias humanas.

Eu estava tão ocupada nessas primeiras semanas que nem tive tempo para perceber o quanto eu estava mudando. Então, uma música tocada no rádio abriu meus olhos. Eu encostei o carro no acostamento e fiquei pensando: "O que, pelo amor de Deus, eu estive fazendo esse tempo todo? Todas essas pessoas estão aí no mundo com suas feridas abertas, e tudo que eu fiz foi encher bolas e gritar: 'Oba! Vamos todos amar Jesus!'"

ESTOU CANSADA DE SER UM PORQUINHO DA ÍNDIA

Mais tarde, pensei: "Não tenho certeza se quero gravar outro disco. Não quero ser um porquinho da índia numa esteira. A cada ano, publico um álbum e faço uma turnê, porque é isso que esperam de mim. Se o que eu canto realmente não faz diferença alguma, acho que não quero continuar fazendo isso."

Decidi entrar em contato com Dan Posthuma, diretor do selo Myrrh, da Word Records, a divisão que gravava meus álbuns. No dia seguinte, porém, fiquei presa na intensa rotina do *700 Club*, e esqueci de ligar para ele.

Menos de dez dias depois, porém, Dan me ligou:

— Sheila, estamos naquele período do ano novamente. O que você pretende para seu próximo álbum?

Compartilhei com Dan o que acontecera comigo e disse:

— Sabe, Dan, não tenho certeza se devo fazer outro álbum. Já não sei mais onde me encontro nessa história toda.

Em vez de se irritar comigo ou fazer pressão, Dan disse:

— Entendo. Por que não nos encontramos para falar sobre isso? Greg Nelson demonstrou interesse em fazer algo.

Greg Nelson é um dos maiores produtores dos Estados Unidos e já produziu álbuns para pessoas como Sandi Patti e Steve Green. Embarquei num avião e fui até Nashville para conversar com Greg. Quando compartilhei minha história com ele, seus olhos se encheram de lágrimas.

— Sheila — ele disse, — concordo com você de todo coração. Não quero apenas produzir mais um álbum. Quero fazer a diferença.

Decidimos passar um fim de semana para compartilhar nossas ideias — Dan, Greg, meu agente Steve Lorenz e eu. Escolhemos Dallas, uma cidade à mesma distância de todos nós.

Eu me preparei para o fim de semana anotando todos os assuntos sobre os quais tinha refletido muito recentemente. Queria cantar sobre como é sentir-se sozinha, como é sentir-se desiludida e ter que ver todos os seus sonhos sendo destruídos. Havia alguma notícia boa que eu podia levar às pessoas? Havia alguma coisa que eu podia levar para as ruas, para os lares e para os palcos que faria tanto sentido quanto as palavras que Jesus dizia às pessoas em suas maiores necessidades?

Fizemos o *check-in* no hotel em Dallas e ouvimos uns aos outros durante todo o fim de semana. Sempre que você está pensando em fazer um novo álbum, você espalha a notícia, e os compositores enviam suas músicas. Dan trouxe algumas músicas maravilhosas que ele recebera, e Greg trouxe algumas também. Avaliamos dezenas de músicas enquanto as ouvíamos, conversávamos e orávamos. As horas foram passando, e identificamos as coisas que achávamos ser importantes. Estávamos procurando um prumo: dez assuntos que comunicassem a verdade do evangelho.

Naquele fim de semana, ouvimos algumas músicas maravilhosas. Sabíamos que muitas delas seriam muito tocadas nas rádios, mas se não expressassem o que queríamos como mensagem do álbum, nós as recusávamos. Cada música precisava expressar a simples verdade, o tipo de verdade que toca a alma e se arraiga no coração.

Queríamos que cada uma dessas músicas fosse duradoura, algo que comunicasse a Palavra de Deus, que, como diz o autor de Hebreus, é viva e eficaz e mais afiada do que uma espada de dois gumes (ver Hebreus 4:12).

Foi um final de semana difícil, porque precisávamos equilibrar os aspectos artístico, criativo e poético com aquilo que sentíamos ser o mais importante, ou seja, a necessidade de sermos autênticos, úteis e fiéis à simples verdade do evangelho. Precisávamos decidir o quanto valia nossa integridade como músicos diante da nossa integridade como servos de Cristo.

Da areia para a rocha sólida

Em *Shadow Lands*, meu álbum publicado vários anos antes, eu havia gravado várias músicas que falavam de Cristo, mas no estilo pop. O álbum foi bem-sucedido e recebeu boas críticas de muitas revistas cristãs, dizendo que eu estava me aventurando às "margens radicais da música rock cristã".

Uma das músicas típicas daquele álbum foi "Sand in the Hand" [Areia na mão], que dizia:

> O amor é um milagre, uma visão a ser vista
> Areia na mão escorrerá
> Mas amor no coração permanecerá
> Areia na mão escorrerá.
> Não é um sonho, o amor é eterno e verde eternamente.[9]

Não foi um *Guerra e Paz*, mas o tipo de coisa que a garotada adora repetir sem ter que pensar muito.

Para o nosso novo álbum, porém, escrevemos músicas como "Come into His Kingdom" [Venha para o seu reino]. Alguns versos dessa música demonstram a diferença:

> Outra manhã vem, você se entrega
> A um milhão de coisas que ocupam seu tempo
> Você perde mais um dia.
> Seus sonhos podem ruir e gritar em desespero
> Você criou seu mundo com tanto cuidado e ninguém parece se importar.
> Mas existe um lugar para os viajantes cansados
> Você pode deixar seus sapatos empoeirados na porta.
> Pois quando você vem para o seu reino
> Você encontra amor
> Descobre que apenas acaba de começar
> Quando você vem para o seu reino, não importa quem seja, não importa o que tenha feito.[10]

OPTAMOS PELA SIMPLES VERDADE

O resultado do nosso fim de semana foi um álbum intitulado apropriadamente de *Simple Truth* [Simples verdade]. Suas dez músicas falavam do amor de Deus, de perder a vida para encontrá-la, de estar disponível aos outros, das horas silenciosas com Deus e de dar a ele todo o louvor. Incluímos até o antigo hino "Savior, Like a Shepherd Lead Us" [Salvador, guia-nos como um pastor], porque ele falava de forma muito simples da jornada do cristão comprometido.

A primeira vez que apresentei músicas desse álbum foi num show durante a cruzada de Billy Graham em Londres, em 1989, que foi transmitido para toda a Grã-Bretanha. Alguns dias depois, recebi uma carta de uma senhora do norte da Inglaterra, cujo irmão havia participado da conferência e me ouvira cantar "God Loves You" [Deus te ama]. Como médico, ele nunca se interessara muito pelo evangelho, mas ao ouvir as palavras da música, ele sentiu a presença de Deus de forma diferente e entendeu pela primeira vez em sua vida que Deus o amava. Antes mesmo de Billy Graham subir ao púlpito, esse homem decidiu entregar sua vida porque ouvira a minha música. Ele foi à frente e entregou sua vida a Cristo.

Em uma carta, uma jovem mulher que sofrera um aborto me contou como ela havia sido cristã, mas que a vida havia se tornado difícil. Acreditou não ter outra escolha senão matar a criança em seu ventre e desde então tem vivido um pesadelo de culpa. Ela comprou meu álbum, e quando ouviu a música "God Loves You", ela percebeu que Deus a havia perdoado e que ela também podia se perdoar.

Cartas assim são muito mais importantes para mim do que as críticas favoráveis, o número de vezes que as rádios tocam minhas músicas ou até mesmo os números de venda. *Simple Truth* representava nosso esforço de abandonar o cristianismo artificial e moderno e de ir atrás da realidade. Desde que os grandes escândalos dos evangelistas da TV conquistaram as manchetes e os noticiários nos meados da década de 1980, a integridade cristã vem sendo mais criticada do que nunca. Lembro-me claramente onde eu estava e o que eu estava fazendo quando a triste notícia da vida particular de Jim Bakker dominou as manchetes.

Era como uma novela, só que pior

Eu acabara de sair da cama e estava tomando meu café da manhã, quando liguei a TV para assistir ao noticiário. Estava passando uma reportagem que me deixou pasma. Eu conhecia Jim e Tammy Bakker e havia feito várias apresentações em seu programa *PTL*. Assisti aterrorizada enquanto ouvia os detalhes que pareciam ter saído de uma novela sensacionalista. O prazer mal disfarçado no rosto do jornalista cínico era um sinal do que as mídias diriam ao longo das próximas semanas. Mais um personagem evangélico de destaque estava sendo derrubado, e era visível que este repórter estava saboreando a notícia.

Eu precisava sair de casa, precisava de ar fresco para pensar e orar. Estava sendo bombardeada por uma mistura de emoções: raiva, dor, decepção e, sobretudo, tristeza.

Fui até uma pequena cafeteria francesa a algumas quadras de minha casa em Laguna Beach. Sentada no pátio, enquanto o vapor do meu cappuccino competia com o calor do dia, comecei a escrever a letra para uma música num guardanapo com um lápis que pedira emprestado.

Até então, raramente compunha músicas. Mas por algum motivo, naquela manhã pareceu-me fácil expressar meu coração, e as palavras de "It Could Have Been Me" [Poderia ter sido eu] fluíram da minha mão. Outro guerreiro cristão frágil acabara de escorregar. Ele havia caído da graça, e agora os abutres estavam voando em círculos sobre sua cabeça.

Grande parte da nossa herança cristã parece se apoiar num sistema pirâmide. A queda da pessoa no topo é longa, e muitos têm prazer em golpear a pessoa durante sua queda.

Por que somos tão cruéis uns com os outros? Por que surramos com tanta força quando alguém cai? Não estou dizendo que não devemos lidar com o pecado — nada disso. Acredito de todo coração na disciplina dentro do corpo de Cristo. Creio que esteja me referindo aos espectadores que aplaudem quando a lâmina da guilhotina cai, que acham tão mais fácil acreditar no pior do que se agarrar ao melhor. Às vezes assaltamos aqueles que não resistem às nossas próprias tentações pessoais com maior violência. Como eu disse em "It Could Have Been Me":

E em nossos corações tememos
Aqueles cujas vidas são iguais às nossas
Cujas sombras dançam como demônios em nossas mentes.[11]

Duas ideias me motivavam enquanto rabiscava as palavras no guardanapo. Eu já estava antecipando os meses de manchetes e noticiários. Conseguia imaginar a zombaria e o desprezo lançados contra a Igreja como um todo, pois esse tipo de tragédia era o sonho de qualquer apresentador de um programa noturno.

Mas o que era mais importante: enquanto pensavam em Jim e Tammy Bakker enfrentando todas aquelas perguntas cínicas dos jornalistas, percebi que poderia ter sido eu. Muito antes de estourar o escândalo da *PTL*, o Senhor começara a me confrontar com minha autoconfiança excessiva. Eu sempre me sentira forte como cristã, acreditando que, com Jesus do meu lado, eu poderia ir para qualquer lugar, fazer qualquer coisa, resistir a qualquer pressão e tentação. Nunca me dei conta da armadilha sutil do meu orgulho ingênuo.

Poderia ter sido eu
Ouvi hoje a notícia de que mais um soldado caiu,
Um guerreiro frágil escorregou e caiu da graça.
Os abutres vieram para arrancar-lhe o coração
E prendê-lo ao chão.
E vindo das sombras alguém tomou o seu lugar.

Hoje diremos uns aos outros:
Nunca acreditamos em suas palavras.
Diremos que vimos a loucura em seus olhos.
Amanhã, ele será esquecido, pois o expulsamos do nosso coração.
E enquanto ele sangra, aos poucos lhe damos as costas.

Mas poderia ter sido eu.
Eu poderia ter sido aquele que perdeu o equilíbrio e caiu.
Poderia ter sido eu,
Aquele que se orgulha tanto de sempre permanecer firme.
Pois a não ser que o Senhor me segure, e eu me segure nele,
Amanhã, quem pode estar nas notícias sou eu...[12]

Assim como Tiago e João perguntaram a Jesus se poderiam sentar à sua esquerda e à sua direita no céu, eu queria estar ali como eles. Quando o Senhor perguntou se sabiam o que estavam dizendo, como crianças se declararam aptos para a tarefa. Mas a história nos conta que eles não conseguiram permanecer de pé quando Jesus resistiu, não conseguiram sangrar quando ele sangrou. Só ele é capaz. Nós nunca fomos; nunca seremos. Se formos fiéis a nós mesmos, precisamos rejeitar o orgulho e a autoconfiança e reconhecer que não conseguimos resistir sem Jesus.

Sem a graça de Deus nas nossas vidas, então, realmente poderia ser você ou eu. Nossas escolhas diárias ou nos derrubam ou nos ajudam a avançar. Este mundo complexo e artificial pode tentar nos conformar a um padrão moderno e sofisticado, ou podemos tentar viver as simples verdades do evangelho com amor e humildade.

Ponto de virada: Quando este mundo complexo e artificial tenta nos conformar a um padrão moderno e sofisticado, podemos ceder ao orgulho ou viver com humildade a simples verdade do evangelho.

Eu me lembro de participar de uma conferência em que Luis Palau, o evangelista argentino, foi o palestrante principal. Seu tema era o famoso desafio de Jesus de "tomar a sua cruz e segui-lo" (ver Mateus 16:24). Quando Palau estendeu esse desafio a nós, fomos confrontados com nossa falta de compreensão. Gostamos de segurar expressões espirituais e de apertá-las contra nosso peito, mas elas são inúteis se não as aplicarmos em nossa vida diária.

Precisamos fazer escolhas todos os dias. Muitas vezes, não se trata de escolhas extremas entre o bem e o mal com respostas transparentes. A resposta parece ser difusa, e é aí que rapidamente ficamos manchados.

Quando Satanás se torna mais perigoso

Trabalhar numa mídia como a televisão ou numa conferência do ministério Women of Faith me confere alta visibilidade — e alta vulnerabilidade. Aprendi que caminhar com Cristo exige um equilíbrio delicado. Encontro muitas pessoas que perguntam: "Quem é você, Deus? Você está realmente presente, ou será que minha fé é apenas algo que uso como muleta?" Para muitas pessoas, Satanás está definitivamente presente, agarrado às suas costas, causando confusão e caos de todo tipo.

Satanás pode ser sutil, e ele representa o maior perigo quando você acha que fez algum progresso como cristão, que você fez algo certo e "sabe que Deus está satisfeito". Visto que todos nós temos pés de argila, é importante termos uma consciência saudável tanto de nossas qualidades quanto de nossas fraquezas. Caso contrário, podemos acabar desviando o olhar de Jesus e cair na lama. Em 1990, quando eu era coapresentadora do *700 Club*, aprendi mais uma vez que uma vida cristã não significa amontoar pontos em sua conta espiritual; significa caminhar a trilha do peregrino. Às vezes, você avança numa velocidade boa, outras vezes faz escolhas que lhe obrigam recuar.

Cindy estava morrendo de leucemia

Era um dia no início de novembro e já passavam das seis horas da tarde. Havia sido um dia longo, durante o qual gravei quatro programas do *Heart to Heart*. Estava feliz porque um raro fim de semana em casa me esperava: sem viagens, sem shows, apenas descanso.

Eu estava sentada à minha escrivaninha, reunindo algumas coisas para o *700 Club* da segunda-feira, quando minha secretária Laura me chamou.

— Sheila, acabamos de receber uma ligação de um dos nossos membros fundadores. Ele é médico no hospital pediátrico em Phoenix.

— Ele disse o que queria? — perguntei, de olho em meu relógio.

— Ele tem uma paciente jovem, uma adolescente de 14 anos que está morrendo de leucemia. Você é sua cantora favorita. Ela tem uma fita sua e a ouve o tempo todo. Ela adoraria que você ligasse.

— Você tem o número do hospital e o nome da menina?

Laura me deu o bilhete, e enquanto eu olhava para seu nome — Cindy — fiquei apreensiva, pois não sabia o que dizer a uma menina à beira da morte quando eu mesma me sentia tão cansada.

Olhei para Laura, esperando que ela visse o quão esgotada eu estava, e disse:

— Será que isso pode esperar até segunda?

Laura não disse nada, mas ela levantou a sobrancelha. Coloquei o bilhete em minha bolsa e fui até o elevador. Quando apertei o botão, sabia que havia tomado a decisão errada. Dei meia volta e quando passei pela Laura, disse:

— Sabe de uma coisa? Vou simplesmente ligar para ela. Acho que é isso que devo fazer.

Enquanto discava o número, pedi ajuda a Deus — pedi ajuda e muita sabedoria. O que você diz a uma garota de 14 anos que está morrendo? Como você conforta alguém cuja força vital está sendo sugada?

Quando a ligação completou, ouvi uma voz cansada:

— Alô, como posso ajudar?

Engoli seco.

— Sim, aqui é a Sheila Walsh. Estou ligando por causa da Cindy.

— Ah, Sheila, que bom que você ligou. Sou a mãe de Cindy.

Ela me contou como sua filha estava cansada e continuou:

— Ela não conseguirá falar. Está tendo muitas dores. Por favor, não se importe com seus grunhidos. Ela realmente a ama, e ela adorará ouvir sua voz. Segurarei o telefone para ela.

"Senhor, por favor, me ajuda. O que devo dizer?" Pensei.

— Oi, Cindy. É a Sheila. Sinto muito por você estar doente.

Falei um pouco, dizendo-lhe que o Senhor a amava e que eu estava orando por ela. Tudo que conseguia ouvir eram pequenos sons, quase como um pequeno animal em agonia. Então comecei a ler alguns dos meus salmos favoritos, a começar pelo salmo 91: "Aquele que habita no abrigo do Altíssimo e descansa à sombra do Todo-poderoso... Ele o livrará do laço do caçador e do veneno mortal..."

Depois, li o salmo 139: "Senhor, tu me sondas e me conheces [...] e pões a tua mão sobre mim. [...] A tua mão direita me guiará e me susterá."

Por fim, recitei o salmo 23, cujas palavras familiares assumiram um novo sentido naquele momento: "O Senhor é o meu pastor; de nada terei falta. [...] Mesmo quando eu andar por um vale de trevas e morte, não temerei perigo algum, pois tu estás comigo; a tua vara e o teu cajado me protegem. Sei que a bondade e a fidelidade me acompanharão [...], e voltarei à casa do Senhor enquanto eu viver."

Orei com Cindy, então a mãe voltou a falar:

— Sheila, ela está sorrindo. Obrigada.

Dei o número de casa à mãe de Cindy e lhe disse para me ligar sempre que precisasse.

Quando voltei na segunda-feira de manhã, havia uma mensagem me esperando. Cindy estava com o Senhor. Fiquei sentada na minha escrivaninha e chorei pela sua família. Sentia o peso das semanas e dos meses que a esperavam: o primeiro Natal sem Cindy, seu aniversário, suas amigas tornando-se adultas. Para Cindy não havia mais nenhuma dor. Para aqueles que ficaram para trás haveria muitos dias difíceis.

Após alguns dias, recebi uma carta maravilhosa do médico de Cindy, dizendo-me o quanto minha ligação significou para Cindy e sua mãe. Cindy havia assistido ao meu show em Phoenix no ano anterior. Na época, não houvera sinal da leucemia, mas quando ela apareceu, destruiu seu corpo rapidamente.

Foi difícil ajudar Cindy no momento em que estava prestes a entrar no céu, mas de uma maneira estranha e maravilhosa, foi bom também. Foi um daqueles momentos em que tinha certeza de que estava sendo obediente ao que Deus estava me dizendo. Quando me deitei naquela noite, fiquei pensando em como eu havia me transformado desde que era uma adolescente presunçosa, que queria que Deus lhe desse toda a Escócia. "Senhor", orei, "não quero falar muito sobre grandes conquistas. Quero apenas tentar vivê-las em momentos insignificantes."

Adormeci sentindo-me bem porque eu havia feito o que Deus queria que eu fizesse. Esqueci por um momento que meus pés continuavam sendo de argila, e enquanto eu dormia, a chuva começou a cair.

COMO PÉS DE ARGILA ESCORREGAM FACILMENTE

Três semanas após falar com Cindy, eu estava trabalhando até tarde no escritório de novo, dessa vez na véspera do Dia de Ações de Graças. Terminei meu trabalho e olhei para o relógio. Eram cinco e meia, e pensei: "Ok, já chega." Peguei as chaves do carro e já estava na porta, quando a voz familiar de Laura me parou:

— Sheila! Quando olhei para ela, Laura disse:

— Recebemos uma ligação de uma moça. Seu nome é Jennifer. Ela tem 18 anos e diz que realmente precisa falar com você. Acho que ela está encrencada.

"Maravilha!", pensei. "Ela acha que está encrencada! Se eu não sair daqui agora, nunca conseguirei comprar aquele pernil de carneiro para o banquete de amanhã."

— Você não acha que isso pode esperar alguns dias? — perguntei.

— Não, acho que não — Laura respondeu. — A moça falou em suicídio.

Peguei o bilhete e, meio sem vontade, fui até meu camarim para fazer a ligação. Algo em mim estava gritando: "Você precisa sair daqui.

Já está atrasada e precisa fazer compras antes de voltar para casa."

Disquei o número, e enquanto o telefone tocava, eu tirei minha saia e minha blusa e tentei entrar no meu jeans.

— Alô — disse uma voz muito baixa.

— Oi, Jennifer? É a Sheila Walsh. Soube que você queria falar comigo.

— Oh, obrigada por ligar. Não pensei que você ligaria.

— Bem, Jennifer, é claro que ligaria. Eu me importo. É por isso que liguei para você.

Eu sabia que eu precisava dizer aquelas palavras, mas lá no fundo do meu coração não estava sentindo o que elas diziam. Jennifer começou a falar sobre sua vida, que ela achava muito injusta. E logo depois começou a fazer declarações que não pareciam ser justas para ninguém. Não tinha amigas, e ninguém se importava com ela. Não, ela não ia à igreja porque lá ninguém realmente a amava; além do mais, ela amava Deus mais do que qualquer outra pessoa.

Jennifer continuou por alguns minutos, e eu comecei a ficar irritada.

— Como você pode dizer que ama a Deus mais do que qualquer outra pessoa?— perguntei um pouco ríspida. — Se você realmente amasse a Deus, isso faria de você uma pessoa que ama mais, não uma pessoa que sente pena de si mesma.

Eu esperava que um tom mais firme ajudasse a Jennifer. Pelo menos foi o que eu dizia a mim mesma, mas o que eu estava realmente dizendo era: "Anda logo e vê se melhora rápido, pois preciso sair e comprar o delicioso pernil de carneiro para amanhã e me preparar para o Dia de Ação de Graças."

Então, eu a ouvi dizer:

— Sabe, eu apenas liguei para que você orasse por mim.

E ela continuou citando o versículo que sempre citamos no *700 Club*: "Se dois de vocês concordarem na terra em qualquer assunto sobre o qual pedirem, isso lhes será feito por meu Pai que está nos céus" (Mateus 18:19).

— Mas, Jennifer, não sei se posso orar — eu lhe disse. — Não podemos orar juntas porque não concordamos. Você me diz que ama a

Deus, mas também que decidiu tirar sua vida. Você está me dizendo que consegue olhar para a cruz e dizer a Jesus: " Ei, você estragou tudo. Não mereço o que você fez quando morreu por mim." Você está dizendo a Jesus que ele estava errado e que sua única saída é pôr um fim a tudo.

— Bem — Jennifer disse após alguns segundos de silêncio, — tenho bulimia e morrerei de qualquer jeito, então, que diferença faz?

Pedi que ela falasse mais sobre isso, e sua história começou a fluir. Durante os últimos três anos, ela vomitou todos os dias. Seus sintomas pareciam ser realmente os de bulimia. Por causa de todo seu vômito, o esmalte em seus dentes havia se dissolvido. Convenci-me de que ela estava realmente péssima. E eu estava começando a me sentir culpada por ter sido firme demais com ela.

Após conversarmos uns vinte minutos, ela disse:

— Preciso ir agora, porque vou me encontrar com minha mãe, e se eu me atrasar, ela vai ficar muito irritada. Todos na minha família se irritam. Tudo que existe em nossa casa é raiva. Eu não liguei para que você se irritasse comigo. Por que está irritada comigo? Achei que você oraria comigo. Preciso de um amigo. Eu deveria saber que você é igual a todos os outros.

Fiquei um pouco irritada e protestei:

— Jennifer, eu não teria ligado para você se eu fosse como todos os outros...

Minhas palavras mal haviam saído da minha boca, quando percebi que ela estava certa. Fiquei em silêncio por alguns momentos, sentindo-me exposta, horrível, uma fraude. Eu *havia* agido como todos os outros. Eu havia errado. Jennifer estava prestes a abrir mão de tudo, e eu não estava ajudando.

— Veja, Jennifer, sinto muito. Sei que você está certa. Não tenho qualquer direito de me irritar com você, e sinto muito por isso. Você ainda quer orar comigo?

Houve outro período de silêncio, e finalmente Jennifer disse:

— Sim... adoraria orar com você. Estou sozinha.

Após orar com Jennifer, quando estávamos nos despedindo, ela disse:

— Gostaria de poder falar com você de vez em quando. Quero apenas saber que existe outra maneira de viver, e sei que você está certa. Sei que existe outra maneira de viver, mas não consigo encontrá-la. Simplesmente não consigo sair da minha pele.

Afinal de contas, eu não era nenhuma madre Teresa

Desligamos, e eu me ajoelhei e chorei, derrapando na poça de lama que meus pés de argila haviam criado. Eu me vi claramente e pedi que Deus perdoasse minha raiva e meu orgulho, que haviam me levado a rotular a Jennifer. Para mim, ela havia sido um problema do tipo "3A". Eu conhecia a solução para o problema "3A", mas Jennifer se recusou a se encaixar. Ela não aceitou minhas respostas para que eu pudesse sair dali para fazer as coisas que eu queria fazer.

Falar com a Jennifer foi como levar um tapa na cara da minha própria natureza humana. Percebi que não havia me transformado em nenhuma Madre Teresa da noite para o dia. Eu queria ser o tipo de pessoa disposta a ajudar os outros, mas eu sabia que era humana como todos os outros. Eu não sou simplesmente a "Sheila que sempre fica esperando ao lado do telefone do *700 Club*". Tenho um lar, e naquela noite eu queria ir para casa e preparar o jantar para o Dia de Ação de Graças.

Às vezes, a melhor coisa que o amor de Deus pode fazer é nos mostrar nossos rostos num espelho e revelar a dura realidade daquilo que realmente somos. Eu não havia sido sincera o bastante para dizer: "Laura, estou cansada e tenho várias coisas a fazer antes de voltar para casa. Você não pode pedir ajuda a um dos nossos conselheiros?" Creio que eu estava com medo de manchar minha reputação como pessoa "caridosa".

Tampouco tivera a honestidade de dizer: "Senhor, não quero fazer essa ligação. Quero ir para casa, mas alguém está precisando de minha ajuda, e eu preciso da sua. Por favor, dá-me teu amor e me ajuda a transmiti-lo."

Eu me esqueci de orar. Eu estava com pressa e acreditava poder resolver essa ligação em poucos minutos. Naquele dia, aprendi uma lição valiosa. Uma das chaves para uma vida cristã é cultivar uma humildade saudável e sempre estar atento aos perigos do orgulho sutil.

No instante em que começamos a confiar na nossa própria publicidade, estamos prestes a levar uma bela queda. No momento em que nos sentimos invencíveis, o inimigo se infiltra por meio do nosso orgulho e se deleita em nos mostrar como estamos errados. O orgulho pode ser tão sutil. Sempre começa com mentiras — as pequenas mentiras confortantes que contamos a nós mesmos: "Você não é igual aos outros. Você é forte. Isso nunca acontecerá contigo."

A verdade é que todos nós somos criaturas falhas, e quando nos aventuramos e nos afastamos da asa protetora do Senhor, tornamo-nos vulneráveis. Como disse a autora e palestrante Joy Dawson: "Não existem cristãos extraordinários — apenas cristãos ordinários que servem a um Deus extraordinário."

Quando Cristo edificou sua Igreja, ele escolheu pessoas comuns como seus discípulos, e não existe melhor exemplo para um seguidor comum de Cristo do que Pedro. No que dizia respeito a pés de argila, os seus eram tamanho 48.

"Senhor, jamais te decepcionarei!"

Pedro cometeu o mesmo erro que eu. Ele acreditou na mentira de Satanás: "Você não é igual aos outros. Você é forte. Isso nunca acontecerá com você." Conhecemos bem essa cena. Após a ceia da Páscoa, Jesus e seus discípulos estavam se preparando para partir para o monte das Oliveiras, mas Jesus parou para dizer-lhes: "Ainda esta noite todos vocês me abandonarão." Então citou o profeta Zacarias (13:7): "Ferirei o pastor, e as ovelhas do rebanho serão dispersas" (Mateus 26:31).

Mas Pedro protestou. Ele sabia que o Senhor não podia estar falando dele! Ele interrompeu Jesus e disse: "Ainda que todos te abandonem, eu nunca te abandonarei!" (v.33).

Jesus olhou para ele: "Asseguro-lhe que ainda esta noite, antes que o galo cante, três vezes você me negará" (Mateus 26:34).

Pedro respondeu: "Mesmo que seja preciso que eu morra contigo, nunca te negarei!" (Mateus 26:35). E então o relato do Evangelho acrescenta uma afirmação interessante: "E todos os outros discípulos disseram o mesmo."

Três horas mais tarde, Pedro negou Cristo. Não uma vez. Não duas vezes. Mas três vezes, como Jesus havia previsto.

Pedro não era diferente de nós. Ele precisava das asas protetoras do Senhor. Não existem cristãos extraordinários, nem mesmo na Bíblia. Todos nós temos pés de argila. Todos nós caímos quando sucumbimos ao pecado do orgulho.

Apesar dos erros de Pedro, Jesus lhe deu outra chance, a mesma que ele dá a você e a mim.

Após a ressurreição, Jesus e Pedro se encontraram às margens do Mar da Galileia para resolver algumas questões mal resolvidas. Jesus não pretendia humilhar Pedro, mas queria sim que ele reconhecesse a diferença entre a confiança humilde, que agora dominava seu coração, e o orgulho tolo que ele havia demonstrado na noite antes da crucificação.

Três vezes, Jesus lhe fez a mesma pergunta: "Pedro, você me ama? Sim, eu sei que você falhou, e sei que você sente vergonha, mas não é isso que me interessa, Pedro. Quero saber se você me ama."

Pedro olhou nos olhos do Filho de Deus, sua culpa sendo lavada no mar do amor de Jesus, e disse: "Senhor, tu conheces todas as coisas. Sabes que eu te amo."

E o Senhor respondeu: "Então, cuide das minhas ovelhas" (ver João 21:1-18).

Quando Pedro recebeu essa tarefa do Senhor, ele soube sem qualquer sombra de dúvida que havia sido perdoado. Agora, estava pronto para caminhar nos passos de seu Mestre, pois agora compreendia por que e como seus pés eram feitos de argila.

O mesmo vale para todos nós. Cometeremos erros. De vez em quando, caímos de cara no chão. Somos falíveis e falhos, mas Cristo é capaz de nos restaurar. Se nós o amarmos, se realmente o amarmos, ele nos resgatará do nosso orgulho.

O Senhor usou Jennifer para me lembrar daquilo que pode acontecer quando tento me sustentar sozinha sobre meus pés de argila sem sua ajuda. Quando vêm os dias tempestuosos com sua pressão, haverá caos e todos se sujarão de lama.

Lembrei-me também de que a direção de um cristão é sempre em frente, mas que podem surgir desvios e retrocessos. Às vezes, acreditamos que nos transformamos em algo especial porque Deus nos deu a graça de servir a algumas pessoas e de ajudá-las, assim como eu pude ajudar a Cindy. E justamente quando começamos a ficar satisfeitos com nós mesmos, tropeçamos. Percebemos que continuamos sendo egoístas e que um pernil de carneiro pode se tornar mais importante do que uma moça de 18 anos que chegou à conclusão que não lhe restou nada pelo que viver.

8

QUANDO TODO O CÉU SE CALA

Quando Deus parece estar distante e nossas orações refletem no teto, podemos ceder ao desespero ou podemos continuar nossa jornada em direção ao céu em simples confiança.

Pouco antes da conferência do Women of Faith em Charlotte, em 1998, a mãe de Barry me ligou e disse:

— Fui ao médico, e meu nível de células cancerígenas dobrou desde a minha última consulta. Meu médico me falou de um homem em Charlotte chamado Mahesh Chavda. O médico me disse que esse homem tem um notável ministério de cura.

Fiquei maravilhada.

— Conheço esse homem — eu disse.— Eu o entrevistei no *700 Club* há mais ou menos sete anos. Tivemos muitas pessoas no programa com ministérios de cura. E de todas elas, a que mais gostei foi Mahesh. Ele se apresentava sem qualquer espetáculo; era um homem quieto e humilde. Gostei muito dele. Por que não o visitamos?

Eleanor concordou, então, liguei para o escritório da igreja e descobri que o culto de cura aconteceria na sexta-feira à noite, que é a noite em que eu me apresento. Nunca termino antes das 11 da noite. Então liguei mais uma vez, e eles permitiram que levássemos minha sogra após o culto. Chegamos no momento em que o culto estava terminando.

Foi uma experiência emocionante para mim. Eleanor é minha sogra, mas é também uma irmã no Senhor, uma colega peregrina, alguém que procura conhecer Deus em meio aos sofrimentos da vida.

Barry não conseguiu falar. Ele ficou sentado, com sua cabeça apoiada em suas mãos, e chorou. Eu havia visto Barry chorar apenas algumas vezes antes disso. Uma delas foi quando Christian nasceu. Há algo na dádiva da vida e na realidade da morte que nos toca, e, é claro, aqui se tratava de sua mãe.

Mahesh convidou as pessoas para que fossem à frente para orar. A mãe de Barry foi até o altar, e Barry e eu nos ajoelhamos atrás dela. Mahesh veio até nós, mas não me reconheceu. No entanto, Mahesh passou muito tempo orando por Eleanor sem saber que ela era minha sogra. Ele a perguntou o que havia de errado com ela, depois trouxe os presbíteros e a ungiu com óleo.

Quando o culto terminou, Mahesh veio até mim e disse:

— Você me parece tão familiar.

— Sou Sheila Walsh — respondi. — Eu o entrevistei alguns anos atrás quando era coapresentadora do *700 Club*.

Mahesh começou a chorar e chamou sua esposa.

— Oramos por você quando você esteve internada — ele disse.

Foi uma doce reunião.

Após o culto, voltamos para casa. Desde então Eleanor tem voltado ao médico e soube que seu nível de células cancerígenas caiu pela metade. Antes estava em 800, agora está em 405. Podia ser uma remissão ou uma cura gradual. Antes do culto, seu nível de células cancerígenas havia dobrado a cada consulta.

Às vezes, Deus responde às nossas orações por cura. Em outras ocasiões, ele parece permanecer em silêncio total.

Quando o céu parece se calar

Nenhum tema deste livro me abala mais do que aquele que quero compartilhar com vocês agora. Em todo o país e no mundo inteiro, milhares de cristãos oram com fervor por uma cura ou por alívio de dores terríveis ou outras dificuldades. Quando eu era coapresentadora do *700 Club*, toda semana chamadas de pessoas em situações desesperadoras mantinham nossas telefonistas ocupadas. E quando viajava às conferências da Women of Faith, conversei com ainda mais pessoas:

- Com a garota de 15 anos de idade com uma vida dura nas ruas de Chicago, que me perguntou: "Como Deus se interessaria por uma pessoa como eu?"
- Com o menino de oito anos que escreveu: "Você diz que Deus pode fazer todo tipo de coisas. Por favor, peça a Deus que ele faça minha mãe amar meu pai."
- Com o jovem que me contou que havia sido homossexual durante os últimos 12 anos. Quando contou aos presbíteros de sua igreja que havia entregado sua vida ao Senhor e queria acertar tudo, eles lhe disseram: "Na nossa igreja não há lugar para homossexuais."
- Com a jovem moça que me ligou dizendo que estava sofrendo abusos sexuais de seu pai e de seu tio. Ela não podia falar com ninguém porque não acreditariam nela.

Poderia continuar com muitos outros casos. Existem inúmeras situações em que você deseja ver a mão de Deus fazer uma diferença e pôr tudo em ordem. No entanto, muitas vezes o céu parece permanecer em silêncio, mudo, desinteressado.

Por quê?

Não conheço a resposta. Não acredito que alguém neste mundo conheça a resposta exata. Mas Deus trouxe algumas pessoas muito fiéis e corajosas para a minha vida que me ajudaram a entender que não existem respostas fáceis e a aceitar que a vida possui mistérios, mesmo quando não há nenhuma razão aparente para fazê-lo.

Debbie, uma querida amiga minha, é vítima da forma mais debilitante de esclerose múltipla. A primeira vez em que falei com ela foi quando ela ligou para o programa no final do verão de 1989 e disse que gostaria de falar comigo. Ela me contou algo sobre sua vida, como ela havia sido membro do clube de vôlei da sua faculdade — uma imagem perfeita de saúde — e como, certo dia, as dores causadas pela esclerose múltipla começaram.

Ela me disse que assistia ao *700 Club* todos os dias, às vezes, três vezes por dia em diferentes horários. Mas ela confessou que éramos uma benção "incompleta": "Tenho 25 anos, estou morrendo de esclerose múltipla e estou com medo. Eu amo Deus e sei que, no fim, estarei no céu — sem dúvida alguma. Mas estou com muito medo e vocês deveriam ser capazes de me ajudar. Por que vocês têm tanto medo de falar sobre a morte?"

Naquele dia, eu não soube responder a Debbie. Eu lhe disse que oraria por ela e que em breve voltaríamos a conversar.

O telefonema de Debbie me deixou inquieta. Quanto mais pensava sobre aquilo que ela havia dito, mais eu me dava conta de que era fácil entender-nos como se estivéssemos dizendo: "Como você ousa não ficar bem? Oramos por você. Não pode ser a nossa culpa, pois fazemos orações muito boas. Se você não melhorou, deve existir algo em sua vida, algum tipo de pecado, que a impede de recuperar seu bem-estar."

Somos uma turma alegre, até...

Quando os dias de calor de agosto de 1989 se passaram, ansiei pelos cultos especiais do Dia do Trabalho, quando todos os colaboradores da CBN e da Regent University se reúnem. Naquele dia, não haveria transmissões, e nós jejuamos e oramos. No entanto, não conseguia me esquecer da agonia de Debbie. Ela estava se aproximando da morte a cada dia, e nossos programas pareciam derramar ácido sobre suas feridas em o nome do Senhor.

No final do Dia do Trabalho, Pat Robertson se levantou para falar sobre aquilo que ele acreditava que Deus estava planejando para o *700 Club*. Antes de falar, ele disse:

— Se vocês tiverem algo em seu coração que acreditam que Deus tenha lhes falado, quero que venham até aqui e o compartilhem conosco.

Eu me levantei e comecei a falar sobre a Debbie, o quanto ela amava o programa, mas também sobre suas dúvidas e seus medos. Então eu disse:

— Enquanto orava pela Debbie ontem, uma imagem veio à minha mente, uma impressão muito clara de como nós, como Igreja, marchamos como uma pequena banda triunfante e muito feliz, e quando algum membro da nossa banda tropeça, nós o levantamos, limpamos sua poeira e lhe dedicamos uma rápida oração. Se ele se recupera, continuamos a marchar. Se ele não se recupera, ele fica para trás, mas nós nem percebemos. Nunca olhamos para trás para ver se ele conseguiu ou não. Se ele nos acompanhar, ótimo, mas se ficar para trás, o problema é dele. E o que o Senhor acha disso tudo? Imagino-o dizendo: "Isso jamais deve acontecer. Estou cansado de segui-los para tirar as pessoas das valas ao longo do caminho quando, na verdade, essa tarefa é de vocês. Está na hora de vocês as carregarem, pois é disso que trata a jornada cristã. Se eu decidir curá-las, eu o farei. Caso contrário, quero que elas passem de seus braços para os meus. Não as larguem à beira do caminho."

Todo o grupo ficou em silêncio, e pude ouvir duas ou três pessoas chorando.

— Obrigado, Sheila — Pat Robertson disse em voz baixa —, esta foi uma boa palavra.

E então fez uma oração por todas as pessoas que estavam sofrendo, por todas as pessoas atormentadas, por todas as pessoas que estavam esperando para que Deus respondesse suas orações.

A nossa experiência naquele Dia do Trabalho nos tornou mais sensíveis em relação àqueles que estão lidando com uma doença de longo prazo ou com uma doença fatal. Depois da nossa reunião, fizemos vários programas específicos sobre a morte.

QUANDO VI DEBBIE, FIQUEI CHOCADA

Mas este não é o fim da história da Debbie. Pouco tempo após conversarmos ao telefone, sua mãe me escreveu: "Se você quiser fazer algo pela Debbie, a hora é esta, pois nos restam no máximo alguns meses. Existe alguma possibilidade de eu levá-la para passar um fim de semana com você, para que ela possa conhecê-la e conversar com você?"

Eu liguei e organizamos a vinda de Debbie e de sua mãe. Quando a vi na plateia do *700 Club*, não consegui esconder meu susto. Debbie estava magra, pálida e tinha enormes olheiras escuras. Ela parecia tão frágil. Parecia que qualquer brisa poderia derrubá-la.

Quando nos conhecemos melhor, percebi que tudo representava um enorme esforço para ela, até respirar. Ela se alimenta por meio de um tubo, que precisa ser substituído a cada três semanas, e ela me contou o quanto era desagradável quando o tubo era colocado em sua garganta até o estômago. Seu médico é um homem muito compassivo, e sempre que ele começa a colocar o tubo, ele lhe diz: "Você sabe que eu te amo, Debbie."

Certa vez, quando tentou substituir o tubo o mais rápido possível da forma mais agradável possível, o tubo ficou entalado e começou a asfixiá-la. O médico tentou tirá-lo, mas o tubo não se mexia. Ainda consciente, ela ouviu quando ele solicitou uma maca para levá-la à sala de cirurgia.

Correram com ela pelos corredores. Ainda consciente, ela pensou: "Estou morrendo, me restam apenas alguns minutos... Sei que estou morrendo." Quando chegaram à sala de cirurgia, não havia tempo para anestesias. O médico simplesmente pegou um bisturi, abriu seu estômago e retirou o tubo. Então, para diminuir a dor, ele lhe deu uma grande dose de algo semelhante a morfina.

Debbie sobreviveu ao incidente, mas a cada três semanas ela sabe que aquilo pode voltar a acontecer.

Eu lhe perguntei:

— Quando algo assim acontece, onde está Deus? Onde está ele no meio do pânico?

Debbie compartilhou seus medos e sua decepção pelo fato de ter tão poucos amigos cristãos ou membros da igreja dispostos a falarem com ela sobre sua luta.

— Certamente, a igreja deveria ser o grupo de pessoas que pudesse me ajudar a morrer — ela me disse. — Mas são justamente eles que não querem falar sobre isso, porque acham que é uma falta de fé. Eu acho que é porque eles têm medo. Por que eu deveria ter medo do céu? Dizem que o céu é um lugar tão maravilhoso, por que eu deveria ter medo dele? Eu lhes pergunto: "Por que não querem me acompanhar em meu caminho?"

Em algum momento, eu lhe disse:

— Você alguma vez já desejou que pudesse simplesmente morrer?

Ela disse que sim e explicou:

— Três vezes eu orei: "Por favor, me leva agora." Mas então via a minha mãe se esforçando e me encorajando a continuar, e eu então eu continuava por causa dela.

Ela nunca se sente abandonada

Debbie e sua mãe me visitaram duas vezes enquanto eu ainda trabalhava no *700 Club*, e conversamos muitas vezes ao telefone. Ambas se tornaram boas amigas minhas. Debbie, sempre pensando nos outros, me perguntou:

— Você cuidará da minha mãe quando eu morrer? Você cuidará da minha mãe?

Conversamos sobre o funeral, o que deveria ser feito e como. Em meio a tudo isso, Debbie é muito honesta, muito autêntica e cheia de uma fé incrível.

Certa vez, quando Debbie e eu telefonamos em 1990, ela me contou como seu estado continuava a piorar. Sua respiração lhe causa tantas dificuldades que um tanque de oxigênio foi instalado ao lado de sua cama para que ela possa usá-lo sempre que sentir necessidade. Mas ela passou por uma série de incidentes assustadores em que nem mesmo o fluxo mais alto de oxigênio conseguiu dar-lhe algum alívio.

— Eu achava que não estava funcionando — ela disse. — Meu pulso estava fraco, e minha mãe estava do meu lado. Conseguia ver o quanto ela estava aterrorizada. Ela queria chamar uma ambulância, mas eu não queria morrer no hospital. Eu sabia que a minha hora havia chegado. Mas quando vi o quanto minha mãe estava com medo, percebi que não podia fazê-la passar por isso.

Debbie foi levada ao hospital naquela noite, e os médicos conseguiram estabilizar sua condição. Mas ela vive um dia por vez, seus ossos se tornaram tão fracos e frágeis que ela pode deslocar seu quadril se esbarrar contra qualquer coisa. Seu braço esquerdo está engessado porque ela o quebrou ao encostar-se a uma parede.

Perguntei se ela se sentia abandonada nos momentos em que pensava que sua hora havia chegado.

Ela respondeu:

— Tenho certeza de que, se eu morrer, eu estarei bem. Nunca me senti abandonada. Na verdade, é engraçado que, nesses momentos, me sinto mais próxima de Jesus, mas continuo com medo. Ainda há muitos momentos assustadores. Vejo a angústia nos olhos da minha mãe e sei o quanto ela quer que eu aguente mais um dia. Mas acima de tudo isso sinto uma paz e sei que, se este for o momento em que devo morrer, eu estarei bem.

Debbie faz as perguntas difíceis

As cartas que Debbie me mandou são muito preciosas porque afirmam com tanta beleza as esperanças, os medos e a fé incrível de uma pessoa que está morrendo aos poucos e com grandes dores, mas que, mesmo assim, confia em Deus. Em uma de suas cartas, Debbie fez algumas perguntas que inquietam todos nós:

Por que algumas pessoas são curadas; e outras, não?
Minha fé é forte o bastante?
Por que, no início, eu tive a impressão de estar sozinha?

Naquela carta, Debbie respondeu às perguntas do ponto de vista de alguém que tem todos os motivos para ceder ao desespero — mas não o faz.

Ela disse: "Durante toda a minha doença, muitas perguntas e muitos pensamentos passaram pela minha mente. Eu fiz de tudo para encontrar as respostas e, mesmo sabendo que jamais conhecerei todas as respostas, vim a fazer as pazes com algumas das muitas dificuldades que uma doença terminal nos traz."

"Deus ouve minhas orações?"

Ela continuou:

Eu costumava me perguntar: "Se Deus sabe que eu perderei essa batalha, por que ele quer que eu me esforce tanto para vencer?" Ao relutar com essa pergunta, cheguei à conclusão de que existem momentos em que, independentemente do placar, o fato de estar simplesmente viva já significa a vitória.

Eu costumava pensar que talvez minha fé não fosse forte o bastante. Como você sabe, quando me ajoelhei para orar, eu desloquei meu quadril. Creio que esta seja a recompensa por ser tão determinada. Quando oro, minha oração vem diretamente do coração e eu agradeço a Deus por *cada dia*.

Aceito o bom e o ruim. Quero viver. Você talvez ache que eu me acostumaria com toda essa frustração, com as dores severas, com as mudanças drásticas na minha vida e com os longos períodos de solidão durante os quais fico sentada na cama pensando no sentido disso tudo, de ter tantos tubos e agulhas enfiados em meu corpo. Acho que você nunca se acostuma com isso, mas eu sei que, enquanto tudo isso acontece, mantenho um relacionamento muito sincero com Jesus Cristo.

Sei que, quando não consigo caminhar, falar, me movimentar ou respirar por conta própria, Deus me carrega.

"Por que algumas pessoas são curadas; e outras, não?"

Minha vida tem sido como uma caminhada pela neve — cada passo deixa um rastro. Pergunto-me quantas pessoas se sentem como eu me sinto em relação ao fato de não serem curadas. Sei que não sou a única, e quero ser um exemplo para as pessoas para que elas saibam que vale a pena não desistir. Sim, é difícil e, sim, é uma vida com altos e baixos. Mas visto como um todo, vale a pena viver.

Se eu souber que consegui ajudar uma única pessoa — então estarei satisfeita e saberei que fiz o que deveria fazer. Às vezes, eu me pergunto se Deus não estaria me dando esse tempo para estender a mão para pessoas em situações semelhantes. Sinto que ainda tenho algo a fazer antes de morrer. Eu oro para que eu possa fazer isso ainda. Quero que outros saibam que precisam aceitar Jesus para que possam ter a vida eterna.

Como sempre digo: Apenas os que estão realmente preparados para a morte estão realmente preparadas para a vida. E como diz uma das minhas músicas favoritas: 'Tudo está bem na minha alma.'

Gostaria que as pessoas dissessem que estão vivendo com sua doença, não que estejam morrendo de sua doença. Precisamos saber que uma doença fatal não é um castigo de Deus.

"Minha fé é forte o bastante?"

"Desde que me disseram que eu tenho uma doença e que eu morrerei, tenho visto a vida com outros olhos. Percebi o quão frágil a vida é. No início, olhei rapidamente para o Senhor e longamente para os meus problemas. Aprendi a inverter isso e agora olho rapidamente para os meus problemas e longamente para o Senhor."

"Por que, no início, eu tive a impressão de estar sozinha?"

"Minha doença me ensinou muitas lições, algumas foram muito dolorosas. Ela trouxe muitas mudanças para minha vida, meu estilo de vida, minha família, meus amigos. Minha família nunca me abandonou. Sempre ficou ao meu lado, sempre torceu por mim, e por isso sinto que sou muito abençoada. A maioria dos meus supostos amigos não ficou do meu lado e decidiu deixar que eu passasse sozinha com minha família por essa longa e dolorosa luta. Creio que a maioria não consegue lidar com o fato de que eu morrerei, mas desejo que entendam que algum dia eles também morrerão e que continuo sendo a mesma Debbie, talvez um pouco mais frágil e magra, mas continuo sendo a mesma pessoa que sempre fui.

Eu adoeci num momento da minha vida em que estava apenas começando a viver. Eu tinha muitas expectativas: Queria casar, ter filhos, seguir uma carreira, cuidar de mim mesma, criar meus filhos da forma como eu havia sido criada, devolver um pouco da alegria que eu recebera em minha vida.

Muitas das minhas expectativas foram destruídas. Nunca terei filhos que me chamem de mãe. Minha mãe, meu pai e minhas irmãs cuidam de mim, me vestem, me ajudam com meus remédios, injeções, tubos, oxigênio e toda a parafernália para me alimentar. Repito, sinto-me muito abençoada por receber toda essa ajuda.

Aprendi também que não devemos ver nada na vida como certo e garantido. A vida é curta e frágil demais. Eu costumava ter muito medo de dormir à noite porque temia que não acordaria. Não consigo lhe dizer quantas noites eu passei em claro remoendo tantos pensamentos e recitando tantas orações. Recentemente, comecei a dizer: 'Caso eu acorde antes de morrer.' Isso ajuda."

Mais tarde, Debbie me disse quantas pessoas já se sentaram ao lado de sua cama e, como os amigos de Jó, lhe disseram que devia existir algum pecado oculto em sua vida. (Pergunto-me se acham que a ausência de uma cura em sua vida passe uma imagem negativa do poder de suas orações.) Esse "consolo" fez com que ela tivesse que suportar o fardo de sua dor sozinha. Mas mesmo em meio a todo esse turbilhão espiritual, Debbie continua a confiar em Jesus.

=====

Ponto de virada: Quando Deus parece estar distante e nossas orações refletem no teto, podemos ceder ao desespero ou podemos continuar nossa jornada em direção ao céu em simples confiança.

=====

Eu, por outro lado, sofri com a dor de Debbie. Consigo aceitar sua morte inevitável. Acredito que "estar ausente do corpo (...) [significa] estar presente com o Senhor" (2Coríntios 5:8), portanto, a morte é algo que todos nós podemos esperar com alegria. Esperamos pela morte para que ela nos leve ao encontro de Deus. Mas reluto em aceitar o sofrimento pelo qual Debbie precisa passar antes da sua morte.

Certa noite, um ano após nosso encontro, Debbie me ligou. A dor era maior do que conseguia suportar, e ela precisava conversar com alguém.

Após uma longa conversa, desliguei o telefone com raiva de Deus. "Se tu não quiseres curá-la", eu gritei, "então leve-a para casa. Por que, por que ela precisa sofrer tanto agora?"

Abri minha Bíblia e li Romanos 8:36-37:

> "Por amor de ti enfrentamos a morte todos os dias;
> somos considerados como ovelhas destinadas ao
> matadouro."
> Mas, em todas estas coisas somos mais que
> vencedores, por meio daquele que nos amou.

"Debbie não está sendo uma vencedora", pensei. "Ela está sendo vencida todos os dias."

Fiquei acordada a noite inteira tentando encontrar algum sentido nesse horror. Adoraria poder dizer-lhes que encontrei a resposta à minha pergunta sobre o porquê Debbie precisa sofrer. Mas não encontrei. No entanto, encontrei uma chave para sermos vencedores: fé e amor em Deus.

Paulo escreveu aos romanos sobre o sofrimento que ele e seus companheiros tiveram que suportar. Seus corpos foram atormentados, por vezes diariamente, mas eles eram vencedores porque acreditavam em Deus e confiavam em seu amor em Cristo.

> Pois estou convencido de que nem morte nem vida, nem anjos
> nem demônios, nem o presente nem o futuro, nem quaisquer poderes, nem altura nem profundidade, nem qualquer outra coisa
> na criação será capaz de nos separar do amor de Deus que está
> em Cristo Jesus, nosso Senhor.
>
> Romanos 8:38-39

Sabendo que nada impediria que Deus os amasse, Paulo e seus companheiros foram capazes de continuar acreditando em Deus e amando-o, caminhando com ele e proclamando o seu evangelho.

Vencedores se contentam em saber que Deus os ama. Dor e morte podem destruir seus corpos. Mas eles sabem que suas almas viverão para sempre por causa do amor de Deus. Por isso, os vencedores conseguem viver com perguntas não respondidas, assim como Debbie o faz. Eles não prendem Deus numa caixinha de respostas perfeitas. Eles são capazes de confiar em Deus sem exigir explicações como se Deus lhes "devesse" alguma coisa.

Apesar de não ter sido curada, a dor e a morte não destruíram o amor de Deus por Debbie nem o amor de Debbie por Jesus. Ela acredita no amor de Deus, por isso consegue permanecer fiel até se encontrar com Deus no céu.

Nosso consolo baseia-se no conhecimento de que Deus é por nós e que nada pode nos separar do seu amor. Nosso Deus é poderoso. Seu amor vence as forças da vida e da morte e nos transforma em mais do que vencedores.

Poucos de nós encaram ou encararão a dor e o sofrimento que Debbie e sua família tiveram que experimentar. Mas a maioria de nós sabe como é quando o céu parece se calar e quando não conseguimos ver nenhuma solução para uma situação desesperadora. Muitas personalidades bíblicas conheceram esse sentimento, sobretudo o nosso bom amigo Jó.

NÃO PERMITA QUE O SOFRIMENTO SE TRANSFORME EM MÁGOA

Certamente Jó conheceu o sentimento de abandono que surge quando o silêncio do céu se torna ensurdecedor. Ele contou ao seu amigo Elifaz que podia sentir as flechas de um Deus todo-poderoso envenenando seu ser (Jó 6:4). Como Debbie, ele pediu que a morte viesse, mas a morte não veio.

Jó desejava tanto uma audiência na presença de Deus que estava disposto a encarar seu Criador e defender sua causa em vez de continuar a ouvir seus amigos difamarem-no com suas mentiras (13:3-4).

Em certo momento, Jó disse: "Embora ele me mate, ainda assim esperarei nele" (13:15).

A verdadeira intenção de Jó foi sempre confiar em Deus, independentemente do que acontecesse. Mas na medida em que seu sofrimento continuava dia após dia, ele foi levado a se queixar:

> Clamo a ti, ó Deus, mas não respondes;
> fico de pé, mas apenas olhas para mim.
> Contra mim te voltas com dureza
> e me atacas com a força de tua mão.
> Tu me apanhas e me levas contra o vento,
> e me jogas de um lado a outro na tempestade.
> Sei que me farás descer até a morte.
>
> Jó 30:20-23

Frustrado com o silêncio de Deus e com os ataques contínuos dos homens que haviam vindo para serem seus "consoladores", Jó demonstrou que ele era muito humano, igual a todos nós. Ele não conseguia entender por que suas orações pareciam não chegar até o céu. Parecia-lhe que Deus o estava atacando sem misericórdia. Ele queria confiar em Deus, mas tudo parecia tão injusto.

Foi neste momento que Eliú entrou em cena, e em seu longo discurso deu uma advertência a Jó que todos nós precisamos ouvir: "Cuidado! Que ninguém o seduza com riquezas; não se deixe desviar por suborno, por maior que este seja" (Jó 36:18).

Foi esta a resposta que encontrei na carta de Debbie. Deus é o único que pode nos libertar, e precisamos confiar nele.

Não importa o que aconteça, não importa o quão inexplicável a vida seja, devemos confiar em Deus em vez de nos entregar ao desespero. Agradeço ao Senhor diariamente pelo fato de eu conhecer pessoas nas conferências da Women of Faith que são exemplos maravilhosos dessa confiança. Acredito em milagres e conheci e conversei com pessoas que experimentaram milagres. Mas a verdade é que — e Jesus demonstrou isto repetidas vezes — milagres não são o que importa. Jesus não fez milagres para todos. Ele não curou todo mundo. Ele fez milagres de cura em situações específicas para glorificar seu Deus e para edificar a fé daqueles tocados por ele. Mas ele sempre queria que as pessoas entendessem que é a fé que honra Deus, não os milagres.

Quando a dor e o desespero nos agarram com suas garras de aço, nós nos perguntamos se esse tipo de fé é possível. No entanto, tenho visto cristãos confiar em Deus quando todo o resto, incluindo aqueles com ministério de cura e evangelistas, já desistiu.

RANDY HAVIA SIDO A COBAIA DE TODOS

Conheci Randy, um jovem com pouco mais de vinte anos de idade, enquanto eu cantava numa convenção missionária no Havaí. Uma de suas pernas estava deformada desde um acidente em sua infância. O palestrante principal em uma das reuniões seria um famoso líder cristão, que tinha fama de curas extraordinárias. Eu deveria cantar antes de ele subir ao palco. Durante todo o dia antes da reunião, fiquei pensando em Randy, que trabalhava para uma organização missionária nas ilhas de Havaí. Ele amava Deus com uma fé radiante e nunca o questionava.

Pensei: "Seria maravilhoso se Randy fosse curado — se ele saísse da reunião hoje à noite com sua perna curada!"

Naquela noite, quando terminei de cantar e desci do palco, eu me sentei com altas expectativas. Durante sua mensagem, o palestrante disse: "Quero que todos aqui que não estão bem saibam que é a vontade de Deus curar cada um de vocês."

Eu quase não aguentava a minha excitação. Tinha certeza de que veria um milagre incrível que fortaleceria minha fé como nada até então. O palestrante nos disse que ele não era uma pessoa especial e que ele não possuía poderes de cura. Na verdade, Deus poderia usar qualquer um de nós se estivéssemos dispostos, e então convidou todos que quisessem orar por alguém para subirem ao palco.

Ansiosa, eu me levantei juntamente com outras duzentas pessoas.

Após orar por nós, o palestrante disse: "Se alguém estiver doente, quero que você venha até aqui para que uma dessas pessoas possa orar por você."

Uma garota veio até mim e me disse que estava com dor de dente, e eu pensei: "Ok, Deus sabe que é melhor eu começar com uma dor de dente". Então orei por ela, olhando o tempo todo para o lugar em que Randy estava sentado. Quando terminei de orar, a garota disse que seu dente já estava melhor, e eu pensei: "Que maravilha — isso é realmente maravilhoso..."

Após muitas orações pelas pessoas que sofriam de vários tipos de doenças, houve muita alegria e comoção quando muitas afirmaram terem sido curadas. Então, o palestrante continuou, a reunião foi encerrada, e o palestrante foi levado embora.

Quando a sala se esvaziou, fui juntar as fitas que havia usado como playback. Quando me virei, vi Randy sentado num canto com sua perna desfigurada.

Eu não sabia o que fazer. Deveria simplesmente sair de surdina, ou deveria ir até lá e conversar com ele? O que poderia dizer? Mas não podia me preocupar com isso. Todos o abandonaram, e ele estava sozinho. Eu sabia que não podia abandoná-lo também.

Sentei-me do seu lado e coloquei meu braço em seus ombros, e ficamos sentados ali sem dizer nada. Após mais ou menos dez minutos, Randy finalmente disse:

— Sabe, Sheila, você está se sentindo bem pior do que eu neste momento.

— O que você está querendo dizer? — perguntei incrédula.

— Bem, já me acostumei com isso. Tenho sido a cobaia de todo mundo. Todo mundo já orou por mim. Fui a reuniões de cura. Sei que Deus pode me curar, e hoje, durante alguns minutos, acreditei que talvez... mas minha fé não depende da minha cura. Minha fé está em Jesus.

As palavras de Randy me lembraram daquilo que David Biebel escreveu em seu livro *If God Is So Good, Why Do I Hurt So Bad?* [Se Deus é tão bom, por que eu sofro tanto?]: "A dor tem duas faces, uma humana e outra divina. A face humana é extenuada, contraída, distorcida e banhada em lágrimas. A face divina é calma, confortante, amável e generosa, mas igualmente banhada em lágrimas."[13]

Naquela noite, despedi-me de Randy com emoções mistas. Eu via uma tremenda injustiça em sua situação, mas percebi também que

Randy havia sido a pessoa mais forte naquela sala. E ele extraía sua força de uma única coisa: sua fé estava em Jesus, não em milagres, e ele sabia que Deus era fiel, mesmo quando parecia estar muito distante.

POR QUE TEMOS TANTO MEDO DE SERMOS SINCEROS COM DEUS?

Compartilhei as histórias de Debbie e Randy para deixar uma coisa bem clara: todos nós vivemos momentos em que Deus parece estar muito distante e em que nossas orações parecem se perder no escuro. Nesses momentos — quer estejamos enfrentando uma doença fatal, quer percamos nosso emprego — que precisamos fazer uma escolha. Podemos nos entregar ao desespero ou podemos simplesmente continuar confiando.

No entanto, como eu já disse no capítulo 2, creio que podemos confiar e mesmo assim fazer perguntas. Questionar Deus não é uma falta de fé, mesmo que alguns cristãos afirmem isso. Quando uma pessoa próxima a eles sofre, eles sentem a necessidade de conter a dor daquela pessoa. Querem fazer isso porque a intensidade daquela dor pode levá-los a questionar sua própria fé.

Algumas pessoas acham que questionar Deus é blasfêmia. Dizem: "Como você ousa? Quem você acha que é para vir diante de Deus e questioná-lo?" Mas eu não acredito que ser sincero com Deus seja uma blasfêmia. Creio que Deus quer que sejamos sinceros porque ele deseja ter conosco um relacionamento autêntico, não um relacionamento artificial ou morno.

Às vezes, eu me pergunto como Deus se sente ao amar as pessoas com tanta paixão ao ponto de entregar seu próprio filho à cruz e à morte. Como ele se sente sabendo que esse amor é a essência de seu ser, mas ver dia após dia como seus filhos estão sofrendo e que eles só o procuram para dizer: "Bem, obrigado, Jesus, por mais um dia"? Eles nunca se abrem. Nunca são sinceros. Como isso deve doer no coração de Deus!

David Biebel fez uma observação perfeita quando disse: "Por que esperamos ou exigimos que as pessoas que sofrem escondam seus sentimentos verdadeiros quando dizer a verdade corresponde mais à santidade do que a um faz de conta qualquer?"[14]

Creio que Deus prefere que seus filhos venham até ele e digam: "Deus, isso não faz sentido para mim. Estou sofrendo tanto. Simplesmente não entendo. Creio que jamais entenderei, mas eu te amo e confio em ti, e descanso no fato de que tu sabes como eu me sinto. Tu já passaste por isso. Arrancaram teu coração. Não consigo entender o que está acontecendo comigo, mas ajuda-me a glorificar-te em tudo."

Quero encerrar este capítulo com a história de Marolyn Ford, uma mulher que continuou confiando em Deus mesmo quando suas orações pareciam se perder no silêncio da noite ano após ano. Marolyn é uma dessas pessoas que pacientemente esperam pela resposta de Deus. Sua história tem um final feliz assim como a história de Jó, que ficou duplamente melhor após resistir aos ataques de Satanás e decidir aceitar tudo que Deus lhe deu.

Ela era cega e agora consegue ver

Aos 18 anos, a visão de Marolyn Ford começou a falhar. Rapidamente, ela perdeu toda a visão central e não pôde mais ler, escrever, reconhecer as pessoas ou dirigir um carro. Tudo que lhe restou foi um pouco de visão periférica que lhe permitia perceber luz e grandes objetos próximos.

Ela foi examinada na Mayo Clinic, e o diagnóstico revelou que ela sofria de uma degeneração macular, que destruíra a retina em ambos os olhos. Os médicos disseram que sentiam muito, mas não havia nada que pudessem fazer. Ela continuaria cega pelo resto de sua vida.

Cristã fervorosa desde os nove anos, Marolyn havia começado a orar por um marido cristão desde os 12 anos. Ela sabia que Deus queria usá-la em algum tipo de ministério e tinha certeza de que deveria se casar com um pastor.

Marolyn foi para a faculdade, mas não para uma escola especializada para deficientes visuais. Ela completou seus estudos e se formou ouvindo gravações das aulas, fazendo exames orais e investiu inúmeras horas para obter notas excelentes.

Na faculdade, ela encontrou o homem que se tornaria seu marido. Eles casaram e tiveram uma filha. A essa altura, o último restinho de visão havia desaparecido, e ela vivia em uma escuridão completa.

Durante todo seu sofrimento, Marolyn manteve seus olhos interiores voltados para Jesus, sabendo que precisava continuar com sua vida. Ela disse: "Se você tiver que passar pelo vale, por tribulações, aceite-o como algo vindo do Senhor. Eu não precisava gostar da minha cegueira, mas precisava aprender a aceitá-la. Eu sabia que o Senhor tinha um propósito para ela, e eu orava: 'Deus amado, se eu tiver que ser cega, que não seja em vão.'"

Apesar de aceitar tudo que acontecesse, ela pediu a Deus muitas vezes que lhe devolvesse a visão. Sempre que ela e seu marido oravam, eles se lembravam do apóstolo Paulo. Ele sofria de algum problema físico — alguns dizem que se tratava de sua visão — e ele orava para que o Senhor o libertasse dessa aflição. Mas sempre que orava, o Senhor parecia estar dizendo: "Minha graça lhe basta." E sempre que Marolyn e seu marido oravam, o Senhor parecia estar dizendo: "Não, Marolyn, eu tenho um propósito para a sua cegueira."

"Eu posso ver! Eu posso ver!"

Marolyn e seu marido sabiam que o Senhor podia curar. Continuaram confiando, acreditando e perseverando. Certa noite, após voltarem da igreja, onde Marolyn liderava o coral, eles se ajoelharam e oraram mais uma vez. Seu marido clamou a Deus, pedindo que ele curasse os olhos de Marolyn. De repente, inexplicável e milagrosamente, Marolyn conseguiu ver perfeitamente. Ela gritou:

— Eu posso ver! Eu posso ver!

Seu marido disse, incrédulo:

— Como assim, você pode ver? Você está dizendo que está conseguindo reconhecer algumas sombras?

— Não, eu consigo ver seu rosto. Consigo ver você. Consigo ver tudo!

Pela primeira vez, viu o rosto do homem com quem havia casado. Pela primeira vez, conseguiu ver sua querida filhinha.

Foi um milagre total e maravilhoso. Três dias depois, Marolyn foi falar com seu oftalmologista. Ela entrou no consultório como qualquer pessoa com visão normal e facilmente leu as letras na parede. O médico então analisou a fundo os seus olhos com todo tipo de instrumentos.

Por fim, ele se reclinou e disse:

— Marolyn, você entrou aqui e reconheceu todas as letras. É evidente que você consegue enxergar, mas em termos médicos seus olhos continuam cegos. Quando vejo seus olhos, tudo que consigo ver é um tecido cicatrizado e negro em vez de um tecido liso e rosado. Não há explicação médica para o fato de você conseguir enxergar com estes olhos.

No início, Marolyn ficou um pouco decepcionada porque acreditara que Deus a havia "curado completamente". Mas então ela percebeu que a restauração de sua visão representava um milagre ainda maior. Ela compartilhou sua história com milhares de pessoas no mundo inteiro, fortalecendo a fé de muitos cristãos e levando muitas pessoas para o Reino. Já se passaram quase dez anos desde o milagre, e ela continua a agradecer a Deus diariamente pelo fato de seus olhos cegos conseguirem ver.

O testemunho de Marolyn Ford fortaleceu a minha própria fé. Creio de todo coração que Deus pode fazer milagres, mas jamais havia visto um como o de Marolyn. Oro e peço por uma fé maior para acreditar naquilo que Deus pode fazer, mas agradeço a Deus também pelos muitos outros cristãos que vêm sendo exemplos de fé e compromisso, apesar de não terem sido curados.

Sempre que Deus parece se calar, nós nos vemos em um ponto de virada crítico. Podemos ceder à dúvida, à frustração, à raiva, à depressão e ao desespero, porque não conseguimos suportar o fardo. Ou podemos nos agarrar à fé, assim como fez Jesus no jardim de Getsêmani, quando teve que suportar a zombaria, as torturas, a crucificação e, acima de tudo, o momento em que Deus abandonou seu Filho.

Em 1990, Rebecca Manley Pippert foi minha convidada no programa *Heart to Heart* e ela compartilhou muitas experiências úteis de seu livro *Hope Has Its Reasons* [A esperança tem suas razões]. Sugiro que você adquira um exemplar, pois o livro contém conselhos excelentes sobre o que fazer quando Deus aparenta ter se calado. As palavras de Rebecca o expressam tão bem para Debbie, Randy, Marolyn e todos nós:

> As cicatrizes da ressurreição de Jesus também nos preparam para o fato de que também pode haver dor em nossas vidas. Pode vir um tempo em que nada fará sentido e em que o caos e o mal parecem ser os vencedores do dia. Pode vir um tempo em que nos sentimos sem esperança e confusos, quando não vemos nenhuma luz. Nesses momentos, a lição das cicatrizes de Jesus nos diz que devemos perseverar, ser pacientes e confiar em Deus, mesmo quando não conseguimos encontrar nenhum motivo para fazê-lo.[15]

A vida é dura, mas Deus é fiel.

9

UM CÍRCULO DE AMIGOS

—————

Quando nos sentimos cansados ou derrotados, po-
demos nos render à autocomiseração, ou podemos
estender os braços e ajudar uns aos outros.

No outono de 1990, eu estava sentada do lado do telefone, esperando notícias de um amigo. Quando o telefone
tocou, pulei da cadeira. Atendi.

— Como foi? — perguntei.

Um dos meus melhores amigos entrara havia pouco tempo num
programa dos Alcoólicos Anônimos após lutar sozinho durante muito tempo sem chegar a lugar nenhum. Estava aliviada porque ele
finalmente havia pedido ajuda. Mas eu estava nervosa. Eles o com-
preenderiam? Ele se sentiria aceito?

— Sheila — ele respondeu, — pela primeira vez na minha vida
percebi o que a igreja poderia ser.

— O que você está querendo dizer?

— Bem, eu me levantei, disse-lhes meu nome, contei-lhes que tinha um problema, e eles me entenderam e me aceitaram. A sala es-

tava cheia de pessoas conscientes de que não conseguiriam resolver seus problemas sozinhas. Precisávamos uns dos outros.

Alegrei-me com o fato de que meu amigo havia iniciado sua longa jornada de volta para casa. Mas também fiquei intrigada com seus comentários. A Palavra de Deus nos ensina que, quando nos sentimos fracos, somos fortes. Portanto, deveríamos reconhecer livremente as nossas necessidades na igreja. Mas em vez disso sentimo-nos obrigados a sorrir o tempo todo para sermos "boas testemunhas".

===

Ponto de virada: Quando nos sentimos cansados ou derrotados, podemos nos render à autocomiseração, ou podemos estender os braços e ajudar uns aos outros.

===

O mundo não está à procura de cristãos perfeitos. As pessoas se cansaram de fazer de conta. Lutamos com fracassos; ansiamos por intimidade. Por que, então, estamos fingindo perfeição perante Deus e os outros?

Talvez porque entendemos errado passagens como Tiago 5:16: "Confessem os seus pecados uns aos outros e orem uns pelos outros para serem curados. A oração de um justo é poderosa e eficaz." Acreditamos que "justo" signifique "super-herói". Então procuramos a pessoa ultrarreligiosa que possa salvar o dia — ou tentamos ser essa pessoa.

Quando fazemos isso, esquecemo-nos da verdade de que confessar nossos pecados e orar uns pelos outros nos transforma nas pessoas justas capazes de gerar a cura divina. Tornamo-nos justos quando reconhecemos nossas fraquezas e recebemos cura e força por meio das orações dos outros. Quando tentamos ser super-heróis, enlaçamo-nos ainda mais em nossas fraquezas e não encontramos a cura.

Escondendo nossa dor e solidão

Em 1990, quando trabalhava como coapresentadora do *700 Club*, fiquei surpresa com a onda de cartas de mulheres cristãs que alegavam terem sido abusadas por seus maridos:

"Sheila, meu marido é um presbítero em nossa igreja, mas ele
bate em mim. Por favor, ajude-me."

"Eu sei que devo me submeter ao meu marido, mas ele me faz
sentir tão desprezada. O que posso fazer?"

"Meu marido está absolutamente determinado a me controlar.
Sinto-me como se estivesse desaparecendo. Sinto-me só."

Eu acabara de recusar material para um programa sobre homens
que abusavam de mulheres, achando que o assunto era irrelevante
para nosso público. Após receber todas essas cartas, convidei a dra.
Margaret Rinck para falar sobre este assunto no meu programa.

A dra. Rinck me contou que este assunto pouco discutido representava um problema muito maior do que a Igreja estava disposta
a reconhecer. As mulheres tinham medo de falar e de buscar ajuda,
porque achavam que ninguém acreditaria nelas ou que deveriam sofrer para "acumular tesouros no céu". Os homens se recusavam a admitir sua conduta, acreditando que precisavam preservar a aparência
de controle e perfeição.

A imagem era devastadora. Homens e mulheres estavam sofrendo
diariamente. As pessoas precisavam de cura e de ajuda. Mas todos
estavam escondendo a verdade em virtude da noção equivocada de
que cristãos não têm esse tipo de problemas.

Assim como Tiago, João também proclamou a cura e a liberdade
que resulta da confissão dos pecados:

> Se, porém, andamos na luz, como ele está na luz, temos comunhão uns com os outros, e o sangue de Jesus, seu Filho, nos purifica de todo pecado. Se afirmarmos que estamos sem pecado,
> enganamo-nos a nós mesmos, e a verdade não está em nós. Se
> confessarmos os nossos pecados, ele é fiel e justo para perdoar
> os nossos pecados e nos purificar de toda injustiça.
>
> 1João 1:7-9

Andar na luz significa que somos purificados pelo sangue de Cristo e capazes de ter comunhão com outros cristãos. Seremos constantemente purificados, escreve o apóstolo, se confessarmos os nossos pecados na medida em que aparecerem. Quando escondemos nossos pecados e encobertamos nossas fraquezas, quando fingimos ser super-heróis cristãos, vivemos em negação — "a verdade não está em nós". Então, nós nos isolamos dos outros e de Deus.

Creio que um dos maiores cânceres dos nossos dias é a solidão, na forma como escondemos nossas dúvidas e imperfeições uns dos outros. Acho que chegou a hora de dizer a verdade.

Christian, meu filho, adora cupcakes. Eu sempre faço uma cobertura de chocolate. Certo dia, prestes a sair, eu estava vestindo uma calça jeans e uma blusa branca de algodão. Ele me viu entrar na cozinha, gritou "Mamãe!" e me abraçou e esfregou seu pequeno rosto sujo contra meu cabelo.

Pensei: "É assim que Deus nos convida a ir até ele. Ele não quer que nos lavemos antes, mas que venhamos e enterremos nosso rosto na juba do Leão de Judá. Devemos ir do jeito que estamos." Jamais Christian teria pensado em se limpar antes de me abraçar só porque eu estava de blusa branca.

Quando falo do amor de Deus nas conferências do Women of Faith, falo sobre isso. A passagem em Isaías 61:1 diz:

> O Espírito do Soberano, o SENHOR, está sobre mim,
> porque o SENHOR ungiu-me para levar boas notícias aos pobres.
> Enviou-me para cuidar dos que estão com o coração quebrantado,
> anunciar liberdade aos cativos e libertação das trevas aos prisioneiros

Tantas mulheres na igreja vivem num lugar escuro porque sentem vergonha de si mesmas e têm tantas perguntas, mas não sabem para onde ir com essa dor. Quero encorajar as pessoas a levarem suas dúvidas e perguntas e os cacos de sua vida uns para os outros.

Você imagina a liberdade que viria para o corpo de Cristo se conseguíssemos nos levantar e dizer: "Olá, sou a Sheila, e sou uma pecadora. Preciso de sua ajuda."

Em 1992, eu comecei a receber tratamento para conseguir lidar com a morte do meu pai. Durante muito tempo, eu havia preenchido a dor com barulho e serviço. Mas eu estava pronta para retirar os curativos e permitir que o ar fresco e a luz do sol tocassem minhas feridas. Estava pronta para reconhecer que precisava de ajuda. Estava pronta para abrir mão do meu orgulho e reconhecer que não conseguia lidar com minha dor. Foi difícil me expor como um ser falho e imperfeito, mas um curativo à prova de ar impede a cura da ferida.

Quando estive no hospital mais tarde naquele mesmo ano, a terapia em grupo, parecida com aquilo que acontece num grupo de AA, teve um efeito muito curador para mim. Eu podia falar sobre minhas dúvidas, minhas perguntas e meus medos com outras pessoas. No entanto, uma pessoa no nosso grupo (eu a chamarei de Mary) ficou sentada ali todas as manhãs sem dizer uma palavra. Havia apenas oito pessoas no nosso grupo. Mesmo assim, ela não dizia nada.

Ela tinha mais ou menos cinquenta anos e correspondia perfeitamente à minha imagem de uma missionária. Era baixa, tinha cabelo liso, não usava maquiagem, vestia uma blusa sem decote — e simplesmente ficou sentada em sua cadeira. Eu queria que ela nos contasse qualquer coisa sobre sua vida.

Certa manhã, alguém disse algo (não me lembro o quê; não era tão importante para mim), e de repente essa mulher se levantou, pegou sua cadeira e a jogou contra a parede! Depois se deitou no chão e chorou.

Quando Mary parou de chorar, descobrimos a razão pela qual ela estava ali. Quando ela tinha 12 anos, o marido de sua irmã a violentou, e ela achava que era a culpada. Ela se tornou uma missionária para pagar a Deus por ter sido uma "garota má". Durante todos esses anos, ela havia odiado o campo missionário. Mas ela perseverou porque carregava consigo essa tremenda culpa acreditando que ela havia feito algo para provocar seu cunhado. Ela achava que teria que passar o resto de sua vida pagando por aquilo.

Era como se estivéssemos descobrindo uma pessoa completamente diferente. Todos nós nos sentamos no chão com ela, a abraçamos e lhe dissemos: "Você era uma garotinha. A culpa não era sua."

Outra pessoa no grupo era um pastor de uma grande igreja. Ele havia ficado tão depressivo que tentou tirar a própria vida. Ele disse: "A razão pela qual sofro de depressão é que não sei se qualquer coisa daquilo que creio ainda é verdade. Passei todo o meu ministério instruindo pessoas a fazerem o que eu mesmo não consigo fazer. Dizendo-lhes que deviam cumprir coisas que eu mesmo não consigo cumprir." Sentia como se sua vida não tivesse qualquer sentido.

Lembrei-me do livro *Telling the Truth: The Gospel As Tragedy, Comedy and Fairy Tale* [Dizendo a verdade: o evangelho como tragédia, comédia e conto de fadas], de Frederick Buechner. Ele conta uma história maravilhosa sobre como o papel do pastor — ou de qualquer outro — consiste em subir ao púlpito e simplesmente dizer a verdade.

Se você não disser a verdade, todos nesse edifício saberão que você está mentindo. Você será a pessoa mais solitária naquele lugar.

Descobri isso ao longo de toda a minha vida. Gastei tantos anos no ministério tentando ser uma inspiração, tentando demonstrar como é entregar-se totalmente a Deus. Agora sei que minha perfeição abriu um abismo entre mim e as outras pessoas. Reconhecer meus problemas abertamente foi a primeira ponte que permitiu que as pessoas viessem até mim.

É difícil reconhecer nossa impotência diante da nossa conduta e pedir ajuda. Mas não quero viver acorrentada pelo orgulho e pelo medo. Quero encontrar a cura e compartilhar a vida com outros cristãos. Reconhecer nossa necessidade de ajuda para deixarmos de ser vítimas, abusadores, viciados ou hipócritas pode nos libertar e libertar as gerações futuras. Quero viver com pessoas autênticas. E também quero ser autêntica.

Alguns de nós talvez andem mancando. Talvez ficaremos com uma cicatriz para sempre. Aquele a qual seguimos ostentou suas cicatrizes durante muito tempo e ele quer que nós lhe mostremos as nossas cicatrizes para que ele possa curá-las.

E ele quer que estendamos nossos braços uns aos outros como servos e companheiros de viagem nessa jornada perigosa que chamamos de vida.

UM SERVO E UM AMIGO

Quando era mais jovem, eu sabia pouco sobre o que era tentar ser uma serva. Agora vejo que toda igreja deveria oferecer um curso de lavagem de pés para iniciantes. A partir do momento em que entramos no Reino de Deus, precisamos de ajuda para entendermos o princípio básico apresentado por Jesus: "Quem quiser tornar-se importante entre vocês deverá ser servo" (Mateus 20:26).

Tantas passagens das Escrituras nos são familiares, mas eu me pergunto quanto tempo investimos em meditar sobre as implicações destas palavras para as nossas vidas diariamente. Às vezes, por exemplo, imagino a cena na noite da Última Ceia quando Jesus deu sua maior lição de serviço.

Antes de as pessoas sentarem-se à mesa, o costume judaico exigia que os pés de todos fossem lavados, visto que sandálias abertas eram comuns, e todas as estradas da Palestina eram secas e poeirentas. Falando nisso: os animais — cujos donos raramente se importavam onde eles deixavam suas fezes — usavam as mesmas estradas.

Na maioria dos lares judaicos, um servo esperaria na porta com uma bacia e uma toalha, pronto para se ajoelhar para lavar os pés dos convidados conforme chegassem. Mas na noite da Última Ceia, não havia servos. Estavam ali apenas Jesus e seus 12 seguidores mais próximos.

Imagine a cena: chega o primeiro discípulo, ele olha pela sala e não vê ninguém a disposição para lavar os pés. "Típico", ele pensa. "Não organizarem ninguém para o serviço. Eu é que não vou fazer isso."

E assim aquele discípulo se reclina à mesa, com os pés sujos. Chegam então mais dois discípulos e, vendo que um discípulo já está à mesa, pensam: "Bem, se ele não for fazer isso, não vejo por que eu deveria fazê-lo."

E assim, eles também se reclinam, seguidos pelo restante dos discípulos, até que todos estão reunidos ao redor da mesa:12 homens com pés sujos!

Quando Jesus chega, ele certamente não pensa: "Bem, esse trabalho não é para mim; afinal de contas, sou o líder deles." Em vez disso,

Jesus reconhece a oportunidade de dar uma das lições mais importantes aos seus discípulos.

Mal haviam começado a comer quando Jesus, o Rei dos reis e Senhor dos senhores, sabendo o que o esperava — a aflição espiritual, emocional e física que acometeria sua alma —, se levanta e tira seu manto. João descreve em seu Evangelho o que acontece em seguida:

> Levantou-se da mesa, tirou sua capa e colocou uma toalha em volta da cintura. Depois disso, derramou água numa bacia e começou a lavar os pés dos seus discípulos, enxugando-os com a toalha que estava em sua cintura.
>
> João 13:4-5

Ele lavou os pés de todos até chegar aos de Pedro. "Ah, não, não, não, Senhor!" Pedro protestou. "Não precisa fazer isso. Não, por favor, sente-se. Algum de nós deveria estar fazendo isso."

Mas já era tarde demais, pois Jesus havia visto seus corações e viu como realmente eram — como todos nós somos.

Jesus sabia o que significava ser um servo. Eu queria que todos nós pudéssemos seguir seus passos. Infelizmente, não é o que acontece sempre.

Quando me encontrei pela primeira vez com Debbie, a jovem mulher com esclerose múltipla, ela contou quantas pessoas haviam se sentado ao lado de sua cama e, como os "consoladores de Jó", lhe disseram que deveria existir algum pecado oculto em sua vida. Mas no meio daquele turbilhão espiritual, Debbie continuou confiando em Jesus.

Quando a vi em 1997, ela me falou:

— Minha doença não afetou em nada a minha fé em Cristo, mas afetou minha fé em outros cristãos. Tantas pessoas que haviam orado por mim e me visitaram no início acharam que a jornada era longa demais. Deixaram de vir. Teria sido um alívio para elas se eu tivesse morrido logo. Eu vivi demais para aquilo que elas tinham a dar para mim.

Ela me disse que a morte seria bem-vinda. E pediu:

— Meu pastor não me visita mais; você lideraria o culto no meu enterro?

Eu lhe disse que, provavelmente, teria que fazer isso juntamente com um pastor, mas concordei. Ela quer que eu cante "Peace Like a River" [Paz como um rio].

Graças a Deus, eu finalmente aprendi a ser uma amiga para Debbie e outras mulheres.

Women of Faith

As conferências Women of Faith são algo pelo que sempre procurei, mas até então não estivera pronta para elas. Se eu tivesse começado a trabalhar com estas outras cinco mulheres mais cedo, eu teria tentado impressioná-las — para provar que eu merecia fazer parte da equipe.

Assim que eu saí do hospital, voltei para a Califórnia. George Otis, um amigo meu, perguntou se eu cantaria em um de seus seminários da High Adventure Ministries.

— George, não estou fazendo nenhum trabalho público — eu disse. — Sinto realmente que preciso ficar longe dos holofotes por um tempo. Preciso curar-me e continuar a aprender o que Deus está tentando me ensinar.

— Sheila, trata-se de uma conferência, especificamente para pessoas que estão trabalhando em países onde podem perder a vida se sua presença se tornar pública. Não haverá publicidade. Ninguém saberá que você está lá. Tudo que peço é que você venha e apresente uma única canção.

— Ok — eu respondi, — mas a única razão pela qual eu farei isso é porque eu o amo e adoraria vê-lo.

Decidi assistir a toda a conferência. Era uma conferência pequena, com mais ou menos 40 participantes. Ouvi as palavras de todos esses homens e mulheres incríveis que arriscavam a vida para transmitir o evangelho. Naquele dia, elas contaram o que Cristo estava fazendo nas nações islâmicas, coisas que não podiam compartilhar publicamente.

Cantei "Quão grande és tu". Duas semanas mais tarde, recebi uma carta de duas páginas de um dos casais. A esposa escreveu: "Enquanto você cantava, o Senhor me deu as seguintes palavras de encorajamento para você."

A carta falava do meu filho — no entanto, eu nem era casada na época. A carta dizia:

> Seu filho tem uma proteção especial. O Senhor guardará o seu coração enquanto você guardar o seu próprio coração. 'Eu providenciarei para ele', diz o Senhor. 'Eu o protegerei e guardarei. Continue apenas amando-o, pois ele quer garantir que você ainda o ame. Enquanto ele tiver essa certeza, ele estará bem.

(Mais tarde, quando estava grávida de Christian e os médicos acreditavam que havia um problema com ele, eu tirava essa carta da minha Bíblia para lê-la.)

A carta mencionou três coisas que Deus faria por mim. "O Senhor lhe dará uma nova canção. [...] O tempo de aprendizado acabou e chegou a hora da promoção." E então continuou: "Trarei novas mulheres para a sua vida. Você será uma ferramenta do amor em seus ouvidos. Haverá oportunidades de servir a mulheres em escala global."

Antes de ser internada, eu nem me relacionava muito bem com outras mulheres. Meus melhores amigos sempre haviam sido homens. Eu me sentia mais segura na companhia de homens porque eles não falavam tanto sobre assuntos reais.

Uma profecia acertou em cheio. (Deus é tão bom por fazer coisas assim, por permitir que vislumbremos o futuro.) "Um novo livro se abriu em sua vida [...] um novo modo de vida e um novo pensamento. Um novo coração e novos olhos. De repente, você começará a ver a vida de outra forma, você se verá como uma pessoa nova."

Quando saí do hospital, eu estava pronta para parar de olhar para mim mesma. Agora, conseguia enxergar outras pessoas. Eu me sentia como o homem cego curado por Jesus. O Senhor lavou os olhos deste homem, e ele disse: "Vejo homens como árvores, que andam"

(Marcos 8:24). Então, Jesus lavou os olhos do homem mais uma vez, e ele conseguiu ver as pessoas de verdade.

Passei os primeiros 35 anos da minha vida vendo as pessoas como árvores. Agora, eu as vejo de outra forma e estou preparada para permitir que elas me vejam como realmente sou.

As organizadoras das conferências do Women of Faith me convidaram para ser palestrante quando Christian tinha apenas seis semanas de vida (eu pretendia esperar até que ele tivesse quatro meses), porque uma das palestrantes não podia ir ao Havaí. Então, Barry, eu e o bebê fomos todos juntos. Levamos tudo conosco, pois eu não sabia do que precisaríamos — um assento de carro, uma esteira para brincar, brinquedos e livros.

Sentei-me no palco com todas as outras mulheres. (Foi maravilhoso todas nós termos ficado juntas no palco, em vez de subirmos individualmente. Que círculo de amigas!) Uma após a outra, as mulheres se levantaram — Barbara Johnson, Patsy Clairmont, Lucy Swindoll, Marilyn Meberg e Thelma Wells. Todas elas pareciam dizer a mesma coisa. Essas mulheres haviam vivido coisas devastadoras; no entanto, em meio a todas as suas dificuldades, elas conseguiram manter seu sorriso.

Eu queria me levantar e dizer: "Sim, é verdade. Isso lhes ajudará a chegar em casa — não só a percorrer dois ou três quilômetros."

Chorei durante toda a conferência. Finalmente senti que Deus estava dizendo: "Você está em casa." Eu havia encontrado companheirismo num círculo de amigas.

A esposa de um pastor veio falar comigo após uma conferência da Women of Faith e disse: "Quero agradecer-lhe de todo coração por dar-me a permissão de ser humana."

Recebemos centenas de cartas dizendo algo parecido: "Essa foi a primeira vez em que pude ser eu mesma. Sei agora que posso ser autêntica. E posso pedir ajuda a outras pessoas."

Após uma das nossas conferências na Flórida, voltei para o hotel com Christian. Duas mulheres se aproximaram. Pareciam ter mais ou menos sessenta anos de idade e pareciam ser irmãs. Ambas me abraçaram e depois me disseram como a conferência havia causado um impacto em suas vidas. Oito anos atrás, uma delas descobriu que o filho estava levando uma vida homossexual e que era HIV positivo. A primeira coisa que ela fez após minha palestra foi contar a verdade sobre seu filho à irmã. Durante oito anos ela havia carregado esse fardo sozinha. Agora, sua irmã podia ajudá-la.

Jesus sabia que precisávamos oferecer uns aos outros graça e compreensão.

Graça e Garibaldo

No outono de 1983, eu estava fazendo uma turnê com minha banda inglesa. Havíamos feito 63 shows em três meses, e eu não aguentava mais ficar no nosso ônibus. O pastor de uma igreja em uma pequena cidade no Kansas perguntou se podíamos visitar sua cidade após nossa apresentação em Kansas City. Ele nos disse que nunca alguém passava em sua pequena cidade, por isso, aceitamos o convite.

Chegamos na véspera do nosso show naquela pequena cidade. Estávamos exaustos. Paramos o nosso ônibus no estacionamento do hotel, inseguros quanto ao que nos esperava. O lugar excedeu em muito as nossas expectativas — mesmo de sapatos, nossos pés grudavam no carpete!

Estávamos mais preparados para o concerto na noite seguinte. O pastor nos disse que haveria apenas cinquenta pessoas, mas que todas elas apreciariam muito a nossa apresentação. E foi como ele disse: na hora do show, cinquenta pessoas entraram pelas portas da igreja. Por algum motivo obscuro, 49 pessoas se sentaram nos últimos três bancos da igreja. Na primeira fila, sentou-se um homem solitário de camiseta amarela.

Quando abri o show com a primeira música, eu me senti como se todos os frutos do espírito tivessem caído da minha árvore. Cantamos nossas músicas, e as 49 pessoas no fundo aplaudiram um pouco. Mas "Garibaldo", que estava na frente, não. Comecei a ficar irritada. "Por que ele foi sentar na frente se não pretende aplaudir?", eu me perguntei. Cheguei à conclusão de que ele havia vindo para me aborrecer. E estava funcionando. Comecei a olhar para ele após cada música para incentivá-lo a aplaudir, mas ele não se mexia.

Quando o show finalmente terminou, sentei-me no escritório do pastor, perplexa e com pena de mim mesma. De repente, alguém chutou a porta. Eu a abri e lá estava o meu adversário amarelo! Ele estava com um grande sorriso estampado no rosto. "Você jamais saberá o quanto esta noite significou para mim!", ele disse. "Tenho todos os seus discos e venho pedindo a Deus há muito tempo que ele a trouxesse para cá." Quando olhei para esse homem amável e generoso, percebi que ele não tinha braços.

Acho que nunca senti tanta vergonha na minha vida. Meu desejo de ser aceita havia me levado a julgar alguém que havia orado por mim durante muitos anos. Eu o havia julgado baseado apenas naquilo que eu conseguia ver.

Deitada na gelada cama com colchão d'água do hotel, pedi que Deus me perdoasse. E então fiz algumas perguntas: "E se aquele homem tivesse braços e realmente estivesse ali para me aborrecer? Isso me teria dado o direito de rejeitá-lo?" Não se eu pretendesse responder com graça. Graça é um favor imerecido; graça nos dá amor e misericórdia quando nós não merecemos.

A palavra hebraica para graça significa "curvar" ou "inclinar-se". Donald Barnhouse, pastor e estudioso da Bíblia, pintou uma linda imagem da graça quando disse: "O amor que sobe é adoração, o amor que vai para fora é afeto, o amor que se inclina é graça." Quando nós não o merecíamos, Deus se inclinou tornando-se um homem para nos amar. Eu precisava me inclinar do meu lugar no palco para amar o homem na minha plateia.

Um dos melhores livros que eu li na minha vida é *The Grace Awakening* [O despertar da graça], de Chuck Swindoll. Queria que todo cristão o lesse. É um livro sobre a vida, a liberdade e a graça maravilhosa de Deus.

Chuck veio ao programa *Heart to Heart* para falar sobre o livro e contou uma história semelhante à minha. Enquanto falava numa conferência, um homem que vivia caindo no sono durante sua palestra chamou sua atenção. Por fim, após a palestra, a esposa desse homem se aproximou. Ele assumiu uma posição ereta e apoiou suas mãos no quadril, preparando-se para aceitar as desculpas da mulher pela conduta de seu marido.

Mas em vez de pedir desculpas, a mulher pegou a mãos dele e a apertou calorosamente, agradecendo pelas mensagens. Seu marido, ela disse, estava com câncer em estado terminal. Às vezes, seus remédios o deixavam sonolento, mas ele nunca perdia uma palestra. A mulher continuou falando enquanto os ombros de Chuck caíam aos poucos.

É fácil julgar rapidamente quando vemos apenas aquilo que está diante dos nossos olhos. Mas quando olhamos uns para os outros com a graça que Cristo nos mostrou, podemos ver além das aparências e reconhecer o coração humano. Como Paulo disse aos coríntios, não devemos considerar ninguém do ponto de vista humano (ver 2Coríntios 5:16), por causa da graça de Cristo que nos reconcilia com Deus. Agora podemos ter a paciência de tentar entender o que está acontecendo dentro dos outros e de amá-los para que eles também possam ser reconciliados com Deus.

Nossas igrejas e nosso testemunho no mundo seriam transformados se conseguíssemos estender esse amor e misericórdia a nós mesmos e aos outros.

UM VERDADEIRO CÍRCULO DE AMIGOS

Num domingo antes do Natal de 1998, nosso pastor se levantou e disse: "Teremos o batismo de uma criança nesta manhã."

Fiquei surpresa, pois nós estávamos ansiosamente aguardando o próximo batismo para que nosso filho Christian pudesse ser batizado, e a próxima oportunidade estava agendada para três semanas depois. Eu sabia que um dos casais da nossa igreja em Nashville estava esperando um bebê. O pai cantava solos de vez em quando. Eu ouvira que eles tiveram uma filha, Hope, que nasceu com uma doença degenerativa rara. Apenas seis pessoas nos Estados Unidos sofrem dessa doença.

A doença é causada por genes recessivos, e ambos os pais precisam ter esses genes para que o filho nasça com a doença. O jovem casal não fazia ideia de que havia algo de errado com seu bebê até a criança nascer.

O pastor nos disse:

— Hope será batizada hoje, pois não sabemos se ela sobreviverá até o Natal.

Ele não tentou amenizar a dor; disse apenas que nenhum de nós entendia aquilo.

Toda a congregação se levantou e se reuniu em torno do casal. A igreja inteira estava chorando.

— Sabemos que, no instante em que Hope fechar seus olhos aqui na terra, ela abrirá seus olhos na presença do Senhor — o pastor disse. — Esta mãe e este pai chamaram sua filha de Hope [Esperança] antes mesmo de saberem que ela teria uma grave doença.

Certamente isso serve como exemplo para a Igreja no novo milênio. Estamos todos juntos. Todos choramos. Ninguém naquele dia achava que podia amenizar a dor daquele casal. Como poderíamos insultá-los sugerindo que alguma coisa poderia tirar sua dor? Mas podíamos dizer: "Estaremos com vocês quando oferecerem esta criança ao Senhor."

Isso sim é um círculo de amigos verdadeiros.

10

O CÉU REALMENTE SE CALA?

———

Quando a vida é dura, podemos desistir ou po-
demos ir até o Senhor com nosso problema — e
pacientemente esperar por sua resposta.

Cathy Mahone foi conquistada por Ali Bayon. Ali, um homem moreno e bonito da Jordânia, viera para os Estados
Unidos para fazer a faculdade, onde conheceu a Cathy.
Apesar de ser muçulmano, a religião nunca foi um problema para
eles. Cathy se interessava pouco por assuntos espirituais, e Ali não
praticava a sua fé.

Um ano após Cathy e Ali se casarem, ela se tronou cristã. Ali não
teve nenhum problema com o fato de ela ler a Bíblia e ir à igreja, contanto que não esperasse que ele a acompanhasse. Cathy orou para
que, um dia, Deus transformasse o coração de Ali. Ela não esperava
a mudança que de fato veio a ocorrer.

No quinto mês da gravidez de Cathy, Ali foi sozinho visitar sua
família na Jordânia. Voltou um homem diferente. Agora fervorosa-
mente dedicado ao islã, Ali começou a insistir que seu filho fosse
criado na fé muçulmana. Perplexa, Cathy fez de tudo para manter a

paz em seu lar até o nascimento de Lauren. Ali e a esposa discutiam constantemente. Um ano mais tarde, eles se divorciaram.

Cathy e Ali conseguiram estabelecer uma relação bastante amigável, e o pai visitava sua filha com frequência.

Quando Lauren completou sete anos, Ali a levou para passar o fim de semana com ele, e prometeu que a deixaria na escola na segunda-feira. Na tarde daquela segunda-feira, Cathy passou na escola para pegar sua filha. Mas descobriu que Lauren não havia chegado na escola.

"Sequestrada!" Cathy entrou em pânico. Ela soube instintivamente o que havia acontecido. Ela entrou correndo na escola e ligou para o aeroporto a fim de confirmar sua suspeita. Um funcionário do aeroporto lhe disse que Ali e Lauren haviam realmente embarcado num avião para a Jordânia naquela manhã.

Imediatamente, Cathy entrou em contato com o Departamento de Estado, mas eles não podiam oferecer muita ajuda. De acordo com as leis da Jordânia, o pai é detentor de todos os direitos sobre uma criança quando esta tem sete anos de idade. Portanto, Ali tinha todo direito para reclamar Lauren como sua filha. O Departamento de Estado prometeu que tentaria ajudar Cathy, mas também lhe disse que ela era apenas um de muitos casos semelhantes.

Cathy não conseguiu voltar para sua casa vazia, por isso, alugou um quarto num hotel barato. Ela jejuou e orou durante três dias, implorando que Deus falasse com ela. Ela abriu sua Bíblia e começou a ler o livro de Daniel: "Não tenha medo, Daniel. Desde o primeiro dia em que você decidiu buscar entendimento e humilhar-se diante do seu Deus, suas palavras foram ouvidas, e eu vim em resposta a elas" (Daniel 10:12).

Daniel orou durante 21 dias e não ouviu nenhuma resposta. Quando o anjo finalmente apareceu diante dele, ele disse a Daniel que Deus o ouvira desde o primeiro dia. "Mas o príncipe do reino da Pérsia me resistiu vinte e um dias. Então Miguel, um dos príncipes supremos, veio em minha ajuda, pois eu fui impedido de prosseguir ali com os reis da Pérsia" (Daniel 10:13). O anjo havia sido enviado imediatamente para ajudar Daniel, mas fora detido por um forte poder espiritual da escuridão. Mas Daniel continuou orando, e assim o anjo recebeu mais ajuda e, por fim, conseguiu alcançá-lo.

A história de Daniel encorajou Cathy a continuar orando. Ela sabia que tinha feito tudo que podia em termos físicos. Apenas Deus podia trazer Lauren de volta. Cathy deixou o hotel e voltou para casa, determinada a orar todos os dias e a esperar.

A oração é definitivamente um ponto de virada em nossa jornada com Deus. Quando a vida é dura, podemos desistir ou podemos ir até o Senhor com nosso problema — e pacientemente esperar a sua resposta.

JÓ ESPEROU

Bildade, de Suá, foi a primeira pessoa a mencionar a oração num longo discurso entre Jó e seus amigos. Bildade começou dizendo a Jó: "Se você for íntegro e puro, ele se levantará agora mesmo em seu favor e o restabelecerá no lugar que por justiça cabe a você" (Jó 8:6).

Mais tarde, quando Zofar acrescentou suas recriminações às acusações dos outros dois amigos, Jó disse: "Meus ouvidos o ouviram e entenderam [...]. Desejo falar ao Todo-poderoso e defender a minha causa diante de Deus" (Jó 13:1-3).

Quando li isso, perguntei-me: "Jó não orava?" Mas ao refletir sobre isso, cheguei à conclusão que, provavelmente, ele orava sim. No entanto, assim como nós, ele precisava de uma comunicação especial de Deus para continuar, algum sinal especial.

Jó continuou, dizendo que defenderia sua causa diante de Deus. Os argumentos de defesa de Jó eram:

- Eu sei que sou justo.
- Sou fraco, como todos os homens. (Como podes exigir pureza de uma pessoa já nascida impura?)

Durante todo esse tempo, a raiva de Jó foi aumentando, mas ele não tentou engoli-la. Permitiu que Deus ouvisse sua decepção. Creio que é isso que Deus quer para nós. Ele não se irrita com uma expressão sincera de insatisfação. Ele aguenta.

No final de uma das conferências do Women of Faith em Chicago, fiquei conversando com mulheres durante umas duas horas. Uma mulher permaneceu afastada da minha mesa. (Muitas vezes, isso significa que a pessoa deseja um momento de privacidade e que está disposta a esperar até que isso se torne possível.) Pedi que alguém ficasse de olho nela para que não saísse dali. Se ela tivesse se afastado, eu teria interrompido minhas conversas e falado com ela naquele momento.

Quando a fila chegou ao fim, e Barry começou a cobrir as mesas, a mulher se aproximou e me abraçou. Ela disse:

— Quero parabenizá-la pelo seu filho. Você ama aquele menino.

Christian tinha mais ou menos um ano e meio de idade, por isso, fiquei um pouco surpresa com seu entusiasmo. Mesmo assim, eu disse:

— Muito obrigada!

— Deixe-me explicar por que isso significa tanto para mim.

Sentamos à mesa, e ela me disse que ela perdera dois filhos. Na primeira vez, ela ficou devastada, mas seus médicos, seu marido e a igreja disseram que isso não aconteceria novamente. "Nós a apoiaremos e acompanharemos, e tudo ficará bem", eles lhe disseram. "Seu filho está seguro com o Senhor."

A segunda gravidez foi uma repetição da primeira. Após nove meses, deu à luz um bebê morto. Dessa vez, começou a odiar Deus e a odiar qualquer mãe com um filho que tivesse a idade dos seus se tivessem sobrevivido.

— Hoje, fiquei ouvindo suas palavras quando falou sobre perdão — ela disse. — E é a primeira vez que isso faz sentido para mim. Percebi que eu podia bater contra o peito de Deus e dizer-lhe: "Eu não entendo e estou com raiva."

Por fim, consegui perdoar a Deus e a mim mesma por sentir tanta amargura. Queria que você fosse a primeira mãe a receber meus parabéns por seu filho.

Essa mulher aprendeu muito sobre nosso Pai celestial por meio de suas experiências devastadoras. Agora, ela sabia que ele a ouviria em sua raiva. Jó chegou à mesma conclusão.

Mais ou menos na metade desse vaivém entre Jó e seus amigos, Jó exclamou: "Se tão somente eu soubesse onde encontrá-lo e ir à sua habitação! Eu lhe apresentaria a minha causa e encheria a minha boca de argumentos. Estudaria o que ele me respondesse e analisaria o que me dissesse. Será que ele se oporia a mim com grande poder? Não, ele não me faria acusações" (Jó 23:3-6).

Mesmo em meio à sua angústia, Jó sabia que Deus é fiel e o ouviria. Ainda assim, ele queria uma confirmação direta de Deus. Algum sinal especial.

Alguns, assim como Jó, desejam esse tipo de comunicação especial de Deus. Outros, como Ruth Graham, descobriram a adoração em oração como resposta ao seu desespero.

ADORAÇÃO E PREOCUPAÇÃO NÃO PODEM COEXISTIR

Tenho poucos heróis. Não sou cínica no que diz respeito às pessoas, mas sou bastante realista. Nós cristãos somos apenas seres humanos fracos e fazemos o máximo que podemos com a graça de Deus para nos tornarmos semelhantes a Cristo. No entanto, tenho uma ou duas heroínas — uma sendo minha mãe; e a outra, Ruth Graham.

A mulher que ficou por trás de Billy Graham durante muitos anos não tem aparecido muito. Certa vez, Ruth disse que, caso se tornasse conhecida demais, ela tingiria seu cabelo e se mudaria para a Europa! Durante as cruzadas, ela prefere ficar sentada na plateia — não no palco — enquanto seu marido proclama a única mensagem de esperança a um mundo sofrido.

Ruth tem um dom de falar e um maravilhoso senso de humor. Um apresentador de TV certa vez a perguntou se, durante todos os seus anos de casamento, em algum momento ela pensou em divórcio. "Em divórcio, nunca; em assassinato, muitas vezes!", ela respondeu. Ruth é uma das minhas poetisas favoritas. Muitas vezes, ela expressa os meus próprios sentimentos por meio de suas palavras cuidadosamente escolhidas.

Se eu tivesse que descrever Ruth Bell Graham com uma única palavra, eu escolheria fiel. Devem ter existido muitos dias em que era difícil ser a esposa de um homem tão famoso, momentos em que teria sido bom se ele estivesse em casa para ajudar a resolver uma crise familiar ou para compartilhar um pôr do sol especial.

Em 1991, eu passei algum tempo com Ruth no amável lar dos Graham nas montanhas da Carolina do Norte. Lembranças de anos de serviço fiel a Cristo no mundo inteiro a rodeiam em seu lar. Fotos de seus filhos, netos e bisnetos enfeitam cada mesa. Ela tem cinco filhos, 19 netos e três bisnetos.

Perguntei à Ruth como ela lidou com os dias difíceis como esposa e mãe jovem. Como ela reagia quando os holofotes se voltavam para ela? Sua resposta foi simples, mas profunda:

— Adoração e preocupação não podem coexistir no mesmo coração — ela disse. — Elas são mutuamente excludentes.

Ruth me contou que, certa vez, ela acordou no meio da noite, preocupada com um de seus filhos. Incapaz de dormir, ela se levantou, pegou sua Bíblia e começou a ler: "Não andem ansiosos por coisa alguma, mas em tudo, pela oração e súplicas, e com ação de graças, apresentem seus pedidos a Deus" (Filipenses 4:6).

Ruth entendeu que o ingrediente que faltava em seu coração naquele momento era a gratidão, então ela começou a agradecer a Deus por seu filho, por sua vida, pela alegria que ele trazia ao seu lar. Seu fardo diminuiu, e ela voltou a dormir.

Ponto de virada: Quando a vida é dura, podemos desistir ou podemos ir até o Senhor com nosso problema — e pacientemente esperar por sua resposta.

Podemos orar e apresentar nossos pedidos a Deus, mas precisamos confiar que Deus responderá nossas orações. A gratidão nos ajuda nisso. Quando oramos com gratidão, estamos dizendo que acreditamos que ele responderá e satisfará nossas necessidades ou as necessidades daqueles que amamos — e que a sua provisão nos basta.

Quando agradecemos, desistimos de querer controlar tudo, reconhecemos a força de Deus e nos regozijamos no fato de que ele é capaz de cuidar de qualquer coisa que levamos até ele. A gratidão nos liberta das nossas preocupações e nos dá descanso.

Sou grata por aquela noite que passei com Ruth Graham. Continuamos conversando até chegar a hora de dormir. Ruth preparou um chá para mim, que eu levei até o meu quarto. Após deitar na cama, uma pequena imagem na parede chamou minha atenção. Dizia: "Enquadre seu dia com oração; assim, é mais improvável que ele se desembarace." Eu sabia que este era o lema desta mulher fiel.

Ela sabia que Deus respondia às orações. E Deus também respondeu às orações contínuas de Jó.

Saindo de uma tempestade

O desejo de Jó foi respondido. Deus se juntou à discussão teológica de forma dramática, com uma voz que saía de uma tempestade.

Ele pediu a Jó que se lembrasse quem Deus é e quem ele era. A resposta de Deus às perguntas de Jó começa com uma frase muito citada: "Onde você estava quando lancei os alicerces da terra? Responda-me, se é que você sabe tanto" (Jó 38:4).

Então, Deus lembrou Jó de tudo aquilo que Deus controla — e o quão pouco Jó sabia e entendia. Ele desafiou Jó: "Aquele que contende com o Todo-poderoso poderá repreendê-lo? Que responda a Deus aquele que o acusa!" (Jó 40:2).

Por fim, Jó entregou o controle da sua vida a Deus, assim como eu o fiz certo domingo quando estava no hospital. No meio daquela semana, eu havia pedido permissão para ir à igreja no domingo. Os médicos concordaram, e uma enfermeira me acompanharia.

Eu não conhecia nenhuma igreja na região de Washington, e quando perguntei à enfermeira, ela disse: "Eu costumo ir a uma pequena igreja episcopal perto daqui. Que tal irmos lá?" Parecia-me uma boa ideia.

Aquele domingo foi um daqueles lindos dias de outono; apesar de ser outono, o sol brilhava nos vitrais da igreja. Sentei-me ao fundo e deixei aqueles hinos antigos me inundarem. Isso me fez me sentir muito bem.

O pastor disse:

— Alguns de vocês se sentem como mortos em seu interior. Cristo está aqui com todo seu poder da ressurreição. Basta você pedir a ele, e ele estenderá sua mão e o tirará dali.

Eu havia entregado minha vida a Cristo no meu quarto, portanto nunca havia subido ao altar em toda a minha vida. Agora, porém, perguntei à enfermeira se ela me deixaria ir ao altar; e ela não se opôs. Corri para frente e me prostrei diante do altar.

Foi a primeira vez em que me aproximei de Deus de mãos vazias. Antes disso, sempre havia procurado Deus com um livro novo, um disco novo ou alguma coisa nova que eu havia produzido para fazer com que ele me amasse.

Naquele dia, pensei: "Nada trago em minhas mãos; agarro-me apenas à tua cruz." Jamais me senti tão envergonhada. Sentia-me como uma órfã suja, destruída. "Não há nada neste mundo que eu possa fazer para que tu me ames", eu disse a Deus, "mas sei também que não há nada neste mundo que eu possa fazer para que deixes de me amar." Foi a primeira vez em que não ofereci nada pelo amor de Deus. No entanto, senti uma paz profunda.

Cristo se inclinou e me acolheu em meu coração. Finalmente, eu desisti.

Trata-se de um desses grandes paradoxos da fé — ela o derruba e ao mesmo tempo o liberta. Você abre mão do controle, mas isso o liberta. Entendo isso claramente agora — não tem nada a ver comigo.

Agora quando me apresentam para falar diante de mil mulheres em uma conferência do Women of Faith e eu estou exausta porque um dente de Christian está nascendo e eu não consegui fechar um olho, eu não entro mais em pânico. Toda noite, antes de subir ao palco, eu digo uma única palavra: "Sim. Sim para tudo, Senhor, e sim, quero ser teu instrumento."

Por fim, Jó também abriu mão do controle da sua vida. Ele reconheceu: "Sou indigno; como posso responder-te? Ponho a mão sobre a minha boca. Falei uma vez, mas não tenho resposta; sim, duas vezes, mas não direi mais nada" (Jó 40:4-5).

Sim, Jó! É isso mesmo!

Jó continuou: "Sei que podes fazer todas as coisas; nenhum dos teus planos pode ser frustrado. Tu perguntaste: 'Quem é esse que obscurece o meu conselho sem conhecimento?' Certo é que falei de coisas que eu não entendia, coisas tão maravilhosas que eu não poderia saber" (Jó 42:2-3).

Deus respondeu às orações de Jó, assim como ele responde também às suas, e então ele confrontou os amigos de Jó.

PERDOA AQUELES QUE FORAM INJUSTOS CONOSCO

Após Deus repreender os três amigos de Jó — Elifaz, Bildade e Zofar —, ele lhes disse: "Vão agora até meu servo Jó, levem sete novilhos e sete carneiros, e com eles apresentem holocaustos em favor de vocês mesmos. Meu servo Jó orará por vocês; eu aceitarei a oração dele" (Jó 42:8).

Instruídos por Deus, esses amigos finalmente se arrependeram. E então Jó orou por eles, perdoando-lhes toda injustiça que haviam cometido contra ele.

Isso certamente não foi fácil para ele. Perdoar é difícil, assim como a vida também é difícil. Muitos de nós têm muitas dificuldades de perdoar aqueles que nos fizeram mal de alguma forma. Eu tive que perdoar, mas eu sempre reluto com isso.

Minha lembrança mais antiga disso ainda está muito viva. Minha mãe havia pintado o corrimão da nossa casa havia pouco tempo e me proibira de escorregar por ele. Mas a tentação era tão grande! O corrimão era tão comprido, que me permitia escorregar por ele em alta velocidade e ser lançada para o espaço no final dele. Lutei contra a carne e perdi. Coloquei-me no topo da escada com minhas novas sandálias e deslizei pelo corrimão. Quando olhei para trás, percebi horrorizada que minha sandália havia riscado todo o corrimão, deixando um rastro profundo na pintura nova. Naquele momento, meu irmão Stephen apareceu e disse que iria contar tudo para a mamãe. Implorei para que não fizesse aquilo. (Eu não sabia que ela iria perceber de qualquer jeito?) Ele me disse que, se eu lhe desse meu grande pacote de balas, que eu havia guardado para consumir durante uma apresentação de *Cinderela* na TV, ele não diria nada.

Olhei para as balas. Olhei para a pintura arruinada do corrimão. Foi uma decisão difícil, mas eu acabei trocando minhas balas pelo silêncio do meu irmão.

Stephen sentou-se no último degrau da escada e comeu todas as balas. Depois ele foi e contou tudo para a mamãe! Fiquei devastada — e meu traseiro ficou ardido após levar uma surra da minha mãe! Fiquei arrasada com a injustiça da situação, especialmente quando minha mãe me disse que a culpa era toda minha.

Alguns anos mais tarde, tive que lidar com uma situação bem mais séria. Uma amiga contou uma mentira sobre mim às minhas amigas mais próximas, e eu não pude defender-me sem trair a confiança de uma pessoa muito querida. Passei muitas noites em claro e derramei muitas lágrimas amargas, sentindo-me impotente e traída. Mas no meio disso tudo, lembrei-me do mandamento de Cristo de perdoar para que meu Pai celestial pudesse me perdoar.

Certa tarde, li as palavras de Jesus sobre o perdão no Sermão da Montanha. Jesus havia ensinado os discípulos a orarem de forma simples e em segredo — não como os hipócritas que oravam nas esquinas das ruas. O exemplo de oração que ele lhes deu incluía perdoar os outros e pedir o perdão de Deus. "Pai nosso que estás no céu [...] perdoa-nos nossas dívidas, assim como nós perdoamos nossos devedores" (Mateus 6:9-12).

Deus não terá misericórdia conosco se reconhecermos a culpa de outra pessoa e nos recusarmos a perdoá-la. "Não julguem para que não sejam julgados", Jesus diz em seu Sermão. Não gaste seu tempo removendo a farpa do olho de outra pessoa quando você tem uma viga nos seus olhos. Lembre-se de sua própria necessidade, Jesus está dizendo. Quando nos recusamos a perdoar, estamos nos colocando na posição de juiz e exigindo que outros sejam perfeitos — algo que nós mesmos não conseguimos ser. Deus nos julgará e exigirá perfeição de nós quando julgamos os outros.

Quando perdoamos, vemos além da conduta do outro e reconhecemos sua necessidade. Reconhecemos sua culpa e, ao mesmo tempo, vemos a nossa própria. Entendemos que não encontraremos justiça neste mundo — ela não reside aqui. Então, desistimos da procura infrutífera e desanimadora por ela e estendemos misericórdia àqueles que nos machucaram.

Sei de algumas pessoas que mancaram para a eternidade com feridas profundas causadas pelas correntes da falta de perdão. Como rompemos essa corrente? No meu caso, pedi a Deus que abençoasse a moça que me magoara. Pedi que ele a abraçasse, sabendo que ela devia estar se sentindo miserável por ter mentido. Lembrei-me da minha própria necessidade e finalmente fui capaz de perdoar.

Quando percebia que minha raiva voltava à tona, eu novamente a levava até o trono da graça e pedia que Deus a abençoasse. Apenas ao lembrar-me de minha própria necessidade de perdão fui capaz de perdoar. Eu não estava a fim de perdoar. Mas decidi perdoar, e então senti também o desejo de perdoar.

Mas a pessoa à qual eu mais precisava perdoar era meu pai. Quando estive no hospital, os médicos me perguntaram se eu havia escrito uma carta para ele. Pensei: "Isso é uma ideia estúpida. Meu pai está morto". E foi isso que eu disse aos médicos.

"Isso será para seu próprio bem", eles responderam. "Sugerimos que escreva a carta com sua mão esquerda. Se você a escrever com esta mão, será mais fácil abrir mão do seu controle. Você escreverá o que realmente pensa e sente."

Esperei até sair do hospital. Então, sentei-me à escrivaninha e escrevi com minha mão esquerda. Fiquei surpresa com aquilo que saiu de mim. Eu estava com raiva pelo fato de meu pai ter me abandonado, por não ter estado ali na minha infância e quando me casei, por fazer-me sentir responsável por minha mãe quando eu ainda era criança. Como se tudo aquilo fosse minha culpa! Durante todos esses anos, tentei ser a filha perfeita para não aumentar o sofrimento da minha mãe.

Fiquei em paz quando perdoei meu pai por ser humano. Não foi escolha sua ter que me abandonar. Na verdade, ele também havia sido privado de todas aquelas experiências. E eu perdoei a mim mesma por tê-lo excluído da minha vida por não ter sido capaz de lidar com minhas lembranças.

Voltei para a Escócia e perguntei à minha mãe se ela sabia onde haviam enterrado o meu pai. Sabia que ela não havia comprado uma lápide por falta de dinheiro. Ela se lembrava, e então fomos até o cemitério, e ela me deixou a sós com ele. Li a carta para o meu pai. O cemitério estava em silêncio, e senti um companheirismo com o meu pai que eu jamais havia sentido até então. Finalmente, perdoei meu pai por aquilo que não era culpa sua — e eu perdoei a mim mesma.

Outros têm percorrido este mesmo caminho antes de mim. Outra mulher esperou o fim da conferência da Women of Faith para falar comigo. Ela disse:

— Tenho setenta anos, e hoje à noite consegui perdoar meu irmão.

Cinquenta e cinco anos atrás, seu irmão a violentara. Ela deu à luz o bebê e o entregou para a adoção.

— Odiei meu irmão e a mim mesma por 55 anos. Hoje à noite, finalmente lhe perdoei. E eu vou ligar para ele e contar.

O que aconteceu com Jó após perdoar seus amigos?

As Escrituras nos contam que o Senhor restaurou suas riquezas e sua alegria. Na verdade, o Senhor lhe devolveu tudo em dobro.

Antes possuía sete mil ovelhas; depois passou a ter 14 mil. Antes possuía três mil camelos; depois passou a ter seis mil. Antes possuía quinhentos jugos de bois; depois, mil. Antes possuía quinhentas jumentas; depois, tinha mil. E Deus lhe deu mais sete filhos e três filhas.

Deus espera que perdoemos. Por isso, incluiu a confissão e o perdão no Pai-nosso, dando-lhes assim um lugar em toda oração.

Deus ouve as nossas orações hoje assim como as ouvia nos dias de Jó?

Sim, e muitas histórias neste livro comprovam isso. Como demonstra também o final da história de Cathy.

A AJUDA VEIO APÓS A ORAÇÃO E O JEJUM

Cathy não teve que esperar muito pela primeira ajuda. Alguns dias mais tarde, o membro de uma equipe secreta de antigos soldados da Delta Force ficou sabendo da luta dela e entrou em contato. Ele trouxe seu grupo para se encontrar com Cathy, e eles planejaram ir à Jordânia e trazer Lauren de volta para casa. Três desses homens eram cristãos e sentiam que Deus os havia enviado para lutar em seu lugar.

Os homens disseram à Cathy que provavelmente seriam executados se fossem pegos. Mas estavam determinados a cumprir sua missão.

Os homens partiram para a Jordânia, prometendo que ligariam após a missão de resgate. O código de vitória seria: "O sol está brilhando."

Durante um mês, Cathy permaneceu ao lado do telefone esperando. Finalmente, decidiu juntar-se aos homens na Jordânia.

No primeiro dia após juntar-se a eles, viram o carro de Ali na rua. A missão de resgate havia começado.

Fase um: o grupo seguiria o ônibus escolar de Lauren na manhã seguinte e o pararia numa região rural. Fase dois: fugiriam para Israel. Estariam seguros assim que atravessassem a fronteira.

Na manhã seguinte, uma neblina densa envolveu a cidade. O coração de Cathy batia forte quando ela e os homens entraram no carro e seguiram o ônibus de Lauren, mantendo uma distância segura. Assim que o ônibus saiu da cidade, o time de resgate acelerou, ultrapassou o ônibus e o forçou a parar. Cathy saltou do carro, correu para o ônibus e agarrou sua filha, que estava surpresa.

De volta ao carro, o grupo fugiu em direção à fronteira de Israel. A neblina os forçou a ir mais devagar, e Cathy se perguntou o que aconteceria se fossem parados na fronteira. Ela apertou Lauren contra seu peito e olhou pela janela do carro. A alguns quilômetros dali, ela podia ver a fronteira de Israel. O sol encontrou uma brecha entre as nuvens. Cathy sabia que estavam indo para casa.

Hoje, Cathy e Lauren estão juntas. Lauren ora toda noite para que Jesus toque o coração de seu pai. Cathy aprendeu a não perder o ânimo diante do silêncio aparente do céu e a continuar orando. Guerras tão reais quanto as guerras na terra são travadas no âmbito celestial em prol daqueles que amam a Deus.

11

DEUS NOS DEIXOU UMA TAREFA

Quando pessoas necessitadas cruzam nosso caminho, podemos demonstrar uma indiferença egoísta ou podemos tirar nossos olhos de nossas próprias necessidades e seguir Jesus amando os desprezados.

Estava quente e abafado. O ar estava carregado de poeira quando pousamos em Manila em janeiro de 1988, para filmar um documentário sobre o trabalho da Compassion International, uma agência cristã de apoio à criança. Eu havia trabalhado com a Compassion por quase seis anos. Em meus concertos, que fazia entre Los Angeles e Nova York, eu falava muito sobre a diferença que a agência faz nas vidas das crianças.

Eu conhecia todas as estatísticas. Três em cada cinco crianças nascem em países do terceiro mundo, e *uma em cada três dessas crianças morre antes de completar cinco anos de idade* em decorrência dos efeitos da má-nutrição e de doenças. Enquanto nós gastamos milhões na última dieta da moda, há crianças que morrem porque não têm pão para comer.

A Compassion havia me convidado para divulgar nos Estados Unidos o tamanho enorme do problema que estavam enfrentando. Eu estava absolutamente disposta a ajudar o povo de Deus a compreender a nossa oportunidade de estender nossas mãos àqueles cujos gritos silenciosos abalam o coração do Pai.

Quando saímos do terminal, uma cena incrível nos esperava. Eu nunca tinha visto tanta gente em um só lugar ao mesmo tempo — andando, empurrando e todos indo em direções diferentes. Eu tropeçava em crianças e galinhas ao mesmo tempo, tentando não coçar as picadas de mosquito que recebera nos últimos três minutos. O senhor filipino que viera nos pegar no aeroporto estampava um grande sorriso em seu rosto.

— Acho que levaremos um tempinho para sair daqui, não?

Concordei, mas não me importava, pois estava me divertindo demais. Quando subi num caminhão para tirar uma foto das massas, senti-me como Indiana "Walsh" em *Caçadores do aeroporto perdido*.

Nossos amigos da equipe de filmagem haviam chegado antes e já estavam trabalhando. Passamos os primeiros dias visitando vários projetos da Compassion — escolas, aldeias, poços e bombas de água.

No terceiro dia, acordamos cedo, pois a escola que iríamos filmar ficava longe de onde dormíamos. Levantei às 5h30, tomei um banho e, enquanto me maquiava, pensei: "Tudo isso não faz muito sentido. Nesse calor, vou me derreter toda."

Às sete, já estávamos todos no jipe percorrendo estradas poeirentas. Chegamos um pouco antes das nove e entramos na escola para visitar as turmas. A pequena escola havia começado com um professor e duas ou três crianças, mas graças às orações, ao trabalho da comunidade local e ao apoio da Compassion, a escola havia crescido bastante.

Sempre que a escola crescia e não cabia mais no prédio, eles simplesmente acrescentavam outra sala. Não era nenhuma obra de arte arquitetural, mas era a prova do sonho daquelas pessoas que jamais desistem.

Eu assisti ao culto matinal com as turmas e fiquei maravilhada quando cada criança recitou de cor um versículo. Essas crianças haviam decorado mais versículos da Bíblia em seus oito curtos anos de vida do que eu havia aprendido em trinta. Inesperadamente, o professor anunciou que eu cantaria "Jesus Loves Me" [Jesus me ama]. Enquanto eu cantava essas palavras familiares, elas assumiram um sentido que jamais tinha imaginado antes de ir às Filipinas.

Quando cheguei ao verso "Os pequeninos pertencem a ele, eles são fracos, mas ele é forte", eu sabia que estava olhando diretamente para alguns desses pequeninos que Deus tanto amava. Fui tomada por um senso da compaixão de Deus por cada um deles.

Belinda era uma de dez crianças

Uma garota chamou minha atenção em particular. Parecia tímida, muito quieta, muito pequena. Perguntei ao professor, e ele me disse que ela se chamava Belinda e que ela não tinha patrocinador, então eu disse que ficaria muito feliz em assumir seu patrocínio.

Quando a aula terminou naquele dia e as crianças se espalharam do lado de fora, gritando e brincando como as crianças de qualquer outra parte do mundo, alguém sugeriu que poderíamos visitar a família de Belinda. O jipe nos levou até onde conseguia ir, depois seguimos a pé, entrando cada vez mais num tipo de favela. As casas haviam sido construídas sobre um pântano, e o cheiro dos esgotos abertos era quase insuportável.

Nosso intérprete filipino foi na frente e explicou à mãe da Belinda quem éramos e por que estávamos ali, mas eu não me senti à vontade. Como essa mulher pobre, que vivia numa cabana com dez filhos, reagiria à nossa invasão? Um câmera estava conosco, e eu me perguntei: "Viemos aqui para conhecer essa mulher ou apenas para incrementar nosso filme?"

Nada poderia ter me preparado para o amor que fluiu do coração dessa mulher. Ela me abraçou e chorou no meu ombro. Também comecei a chorar e ficamos abraçadas, duas pessoas totalmente estranhas, rodeadas por dez crianças que rastejavam pela lama e tentavam espantar galinhas num cômodo que era cozinha, sala e quarto ao mesmo tempo. Olhei para o canto. Uma barata estava passando por cima do bebê, e perguntei-me se essa criancinha conseguiria sobreviver.

Na porta, a mãe me contou por meio do intérprete sobre as coisas que lhe traziam alegria e as coisas que pesavam em seu coração. Olhei para suas oito filhas e me perguntei o que o futuro lhes traria. Que tipo de casamento teriam? O que vestiriam? Onde viveriam?

Olhei para os olhos da mulher e fiquei surpresa ao ver sua coragem e sua esperança. Ela disse: "A presença do Senhor preenche meu lar, e sua glória está conosco." Oramos juntas da melhor forma possível em nossas línguas diferentes, e eu me preparei para me despedir. Enquanto me afastava, lágrimas turvaram minha visão, e eu errei um passo e pisei diretamente na lama. Parei para enxugar minhas lágrimas, e quando olhei para baixo, vi a mãe de Belinda ajoelhada na lama tentando limpar meus sapatos, enquanto as crianças a observavam com preocupação.

Não consegui falar. Dei mais um abraço em Belinda e na sua mãe e fui embora.

Enquanto voltávamos para o jipe, um membro da equipe de filmagem perguntou:

— Você está bem, Sheila?

— Sim, ficarei bem. Mas me deixe sozinha por um momento.

Fui caminhar pelos campos, tendo um búfalo como meu único companheiro. Manila continuava quente, abafada e suja, mas eu jamais voltaria a ser a mesma.

Uma canção nasceu naquele pântano

Alguns dias depois, quando nosso avião decolou no aeroporto de Manila, algumas palavras de uma parábola conhecida de Jesus não saíam da minha mente: "Pois eu tive fome, e vocês me deram de comer; tive sede, e vocês me deram de beber [...]. O que vocês fizeram a algum dos meus menores irmãos, a mim o fizeram (Mateus 25:35-40).

Eu já estava pensando em uma música que, algum dia, seria incluída em um de meus álbuns. Quando voltei aos Estados Unidos, eu me juntei a Rod Trott e Jon Sweet para produzir "Angels with Dirty Faces" [Anjos com rostos sujos], uma canção que seria incluída no álbum *Say So* [Então diga]. Confesso que as letras fazem uso da liberdade poética, mas uma mensagem importante está nelas. As Escrituras nos dizem que quando estendemos nossas mãos aos estranhos, podemos estar oferecendo ajuda a um anjo sem saber (ver Hebreus 13:2). Quem saberá? Talvez encontremos anjos com maior frequência do que imaginamos. Nas palavras da música:

Este é negro
Este é branco
Este está fugindo
Este é você
Este sou eu
Este deseja tanto ficar.

Cada um com nossa própria história
Comédia, tragédia, farsa
À procura de amor na estrada
Para a glória, por fim.

Somos todos anjos com rostos sujos
Machucados pela queda
Anjos com rostos sujos, nada mais.[16]

Todos nós temos feridas causadas pela Queda. Mas quando nos preocupamos uns com os outros e estendemos nossas mãos uns para os outros em nome de Jesus, todos nós temos um futuro e uma esperança.

Nossa compaixão é necessária por todas as partes

A pobreza e a miséria não são exclusividade das Filipinas. Você encontra os pobres, os desesperados e desprezados nos becos de qualquer comunidade dos Estados Unidos ou de qualquer outro país do mundo. Às vezes, você os encontra até na tela da sua televisão.

Em 1990, eu acabara de gravar uma série de programas especiais para *Heart to Heart* numa mansão de uma celebridade em Beverly

Hills, na Califórnia. Havíamos gravado 11 programas em três dias, e eu havia conversado com uma diversidade surpreendente de pessoas inspiradoras, incluindo astros de cinema como Roy Rogers, Dale Evans, Rhonda Fleming e Pat Boone. Eu tinha entrevistado também Stormie Omartian, a linda cantora e compositora, e Al Kasha, o compositor ganhador de um Oscar.

Minha última gravação havia incluído dois programas com Mario Murillo, autor de *Critical Mass: A Strategy for a North American Revival* [Massa crítica: uma estratégia para um reavivamento norte-americano]. *Massa crítica* é um termo da física nuclear que se refere à quantidade mínima de material radioativo necessária para que haja uma reação em cadeia. Mario acredita que Deus está à procura de outro tipo de massa crítica — um núcleo de cristãos que se entreguem completamente a ele sem qualquer segunda intenção de forma que desencadearão um reavivamento.

Quando Mario conversou comigo, ele descreveu como às vezes, quando ora por pessoas, sente um peso insuportável em seus ombros. Ele precisa continuar orando até esse peso ser retirado dele.

Quando encerramos a entrevista e Mario se despediu, o resto da equipe de TV saiu para celebrar, mas eu estava cansada demais para acompanhá-los. Entrei no meu carro alugado e voltei para o hotel, onde fiquei pensando naquilo que Mario tinha dito.

Nunca na minha vida eu havia orado da maneira como ele me contou. Nunca havia sentido um peso insuportável de forma que Deus parecia compartilhar seu coração comigo. Comecei a perguntar a Deus se isso era algo que ele compartilhava apenas com algumas pessoas.

Liguei para o serviço de quarto, pedi um hambúrguer e uma xícara de café e liguei a TV. Estava passando o programa do Geraldo Rivera. Eu nunca tinha assistido ao seu programa, mas já tinha ouvido que era sensacionalista.

Quando ia mudar de canal, percebi que seu tema era a prostituição de adolescentes. Decidi assistir e ver o que ele teria a dizer.

Suas cinco convidadas eram todas adolescentes que haviam trabalhado como prostitutas nas ruas de Nova York. Todas elas haviam decidido abandonar a mais antiga das profissões e agora estavam no show para dizer a Geraldo e a seus milhões de espectadores como havia sido a experiência de vender seus corpos nas ruas.

Quatro das garotas eram um pouco convencidas, mas uma falava lucidamente sobre sua incapacidade de fazer jus às expectativas de sua família. Ela havia sido levada para uma vida nas ruas, havia se viciado em drogas e acabou entrando na prostituição para sobreviver.

A garota descreveu como seu declínio havia sido não natural. Ninguém passa de uma vida relativamente normal para uma vida de drogas e prostituição num único dia. Na verdade, tomou um passo nessa direção, depois outro passo naquela, caindo gradualmente cada vez mais. Antes de perceber, ela se encontrou numa situação que ela jamais pensara ser possível.

GERALDO FEZ ALGUMA PESQUISA NA "VIDA REAL"

Enquanto assistia fascinada, ouvindo como a garota falava sobre suas experiências, Geraldo a interrompeu com uma pequena surpresa para seus espectadores. Disse ao auditório que, quando caminhou para o estúdio e passou pela Times Square em Nova York, ele perguntou a duas garotas que estavam na rua se não queriam acompanhá-lo para falar sobre quem elas eram e por que faziam aquilo que faziam.

As duas garotas foram empurradas para o palco na frente das câmeras. Ficaram paradas ali, franzinas e cadavéricas. Geraldo arregaçou as mangas delas e mostrou suas veias, gastas e machucadas pelas injeções de drogas. Então perguntou a uma delas:

— Por que você faz isso?

— Que mais posso fazer? — ela retrucou. — Quem me ajudaria?

A câmera se aproximou de seu rosto. Olhei bem para seus olhos cheios de dor e me ajoelhei no chão do quarto do hotel, chorando por essas garotas e pela geração de pessoas que vive na rua como elas sem qualquer esperança.

Essas duas crianças não eram acompanhantes glamorosas que haviam chegado ao estúdio em suas Mercedes e vestidas de casacos de pele. Sua prostituição era uma questão de vida ou morte. Elas não queriam viver assim, mas não viam outra opção.

Orei pelas duas garotas. Uma delas tinha gêmeos de dois anos de idade. Ela não fazia ideia de quem era o pai. Essa criança desgastada e doente era mãe de duas vidas pequenas, e ela tinha que ganhar o bastante para alimentar as duas filhas e a si mesma. Metade do dinheiro que ela ganhava como prostituta alimentava as filhas, a outra metade era gasta em drogas.

Enquanto estava ajoelhada, senti que Deus me permitira ver uma pequena sombra da dor que ele sente todos os dias quando olha para as ruas da América do Norte e vê o desespero. Passei muito tempo orando pelas duas meninas e por todas as outras pessoas que se refletiam em seu destino.

Não consegui esquecer aquelas garotas. Duas noites mais tarde, enquanto estava fazendo um show em Clearwater, na Flórida, decidi falar sobre aquilo que eu havia visto no show do Geraldo. Eu não sabia que as emoções que me haviam levado a orar por elas voltariam com a mesma intensidade. Mas foi o que aconteceu, e eu não consegui continuar. Normalmente, não choro em meus concertos, mas dessa vez não consegui evitar.

Parei e pensei: "Ok, preciso apenas de um segundo para me concentrar novamente." Mas então percebi que não estava mais no controle e que não havia nada que eu pudesse fazer.

Eu disse para a plateia: "Sinto muito. Sei que vocês pagaram para vir ao concerto, mas fico comovida demais quando penso em como Deus se sente em relação a essas garotas."

E ENTÃO DEUS ASSUMIU O CONTROLE

Eu me ajoelhei no palco, com todas as pessoas olhando para mim, e comecei a orar. Após um minuto, levantei os olhos, pois ouvia pessoas assoando os narizes. Toda a parte da frente do templo estava lotada de pessoas que haviam vindo à frente para se ajoelhar. Ouvi pessoas pedindo que Deus as perdoasse pela sua apatia e indiferença. Algumas estavam clamando para serem salvas.

Após algum tempo, eu me levantei e li o salmo 139:

> Senhor, tu me sondas e me conheces.
> Sabes quando me sento e quando me levanto;
> de longe percebes os meus pensamentos.
> Sabes muito bem quando trabalho e quando descanso;
> todos os meus caminhos são bem conhecidos por ti.
> Antes mesmo que a palavra me chegue à língua,
> tu já a conheces inteiramente, Senhor.
> Tu me cercas, por trás e pela frente,
> e pões a tua mão sobre mim.
> Tal conhecimento é maravilhoso demais e está além do meu alcance;
> é tão elevado que não o posso atingir.
> Para onde poderia eu escapar do teu Espírito?
> Para onde poderia fugir da tua presença?
> Se eu subir aos céus, lá estás;
> se eu fizer a minha cama na sepultura, também lá estás.
> Se eu subir com as asas da alvorada e morar na extremidade do mar,
> mesmo ali a tua mão direita me guiará e me susterá.
>
> Salmos 139:1-10

Cantei apenas mais uma música, "God Loves You" [Deus te ama]. Então encerrei a noite com uma oração. Mas este não foi o fim da noite. Deus estava ali, falando com as pessoas.

Um veterano do Vietnã estava amargurado e com raiva porque ele havia voltado para casa, mas as pessoas não pareciam se importar. Mas naquela noite, ele encontrou Jesus e foi capaz de perdoar.

Uma pequena garota de oito anos me disse:

— Eu amo o Senhor. Minha mãe não é cristã; você ora comigo?

Então segurei suas mãos e as mãos de sua pequena amiga, e nós três oramos por sua mãe.

Casais jovens que estavam enfrentando problemas em seu casamento vieram para a frente conversar. Uma pessoa após a outra estendeu seu coração para falar com Deus — de forma sincera e honesta.

COMPAIXÃO É UMA VIA DE MÃO DUPLA

Quando nosso avião pousou antes do concerto da sexta-feira em Clearwater, comecei a entreter pensamentos desesperadores sobre os caprichos da minha agenda. Por que eu concordara em fazer um show após passar três dias gravando 11 programas para o *Heart to Heart* e duas transmissões para o *700 Club*? Eu havia acordado às três e meia toda manhã e estava exausta. Por que não voltei para casa para dormir até a segunda-feira do ano seguinte?

Durante toda a sexta-feira, senti um cansaço tão grande que não conseguia organizar meu programa para a noite. Mas fiz o melhor que pude, e naquela tarde, fui até a igreja para fazer o teste do equipamento de som.

Quando terminei, alguém da estação de rádio local enfiou a cabeça no meu camarim e disse:

— Estou aqui para fazer aquela entrevista que combinamos.

Incrédula, olhei para ele. A última coisa que queria fazer neste momento era uma entrevista de rádio. Mas eu lembrei que havia concordado com isso e disse:

— Ah, claro. Entre.

Ele entrou, sentou, olhou rapidamente para mim e disse:

— Sabe, vejo que você não está precisando de uma entrevista neste momento.

— O que você está querendo dizer?— perguntei, tentando evocar todo meu profissionalismo.

— Bem, para ser sincero, você parece acabada. Vamos deixar isso para outra hora.

— Você realmente não se importa?— perguntei incrédula.

— Não. Você precisa de descanso e de uma boa xícara de café.

Ele saiu. Voltou com um café que havia encontrado em algum lugar e se sentou no camarim. Após um minuto, eu disse:

— Posso lhe pedir um favor? Você oraria por mim?

— Sim, adoraria orar por você — ele respondeu.

Não poderia nem lhe dizer o nome deste homem. Ele era de uma estação de rádio cristã, tinha mais ou menos 35 anos de idade e era, obviamente, uma pessoa muito gentil e compassiva. Sua oração realmente tocou meu coração. Não era apenas uma pessoa que estava tentando fazer seu trabalho. Ele se preocupava mais com o modo que eu estava me sentindo do que com a sua entrevista, o que não é algo comum no meio midiático. Normalmente, o que dizem é: "Não me interessa se você está exausta ou não. Precisamos disso para o noticiário das seis."

Creio que Deus deu a esse homem o dom da compaixão. Mas não importa se temos o dom ou não, todos nós podemos aprender a ser mais compassivos, não só em relação aos pobres, rejeitados e excluídos, mas também em relação às nossas famílias, nossos amigos e conhecidos. Novamente, o livro de Jó nos oferece uma rica verdade.

Jó não recebeu muita compaixão

Quando leio o livro de Jó, não vejo seus amigos demonstrando muita compaixão. Choque e perplexidade, sim. Disposição para passar tempo ao seu lado, sim. Suas palavras transmitiam acusações, argumentos e julgamento. É verdade, sentaram-se do lado dele durante sete dias e sete noites — em silêncio.

Mas, uma vez que Jó rompeu o silêncio e começou a gritar de dor, seus amigos deram início a uma longa, longa repreensão. Em vez de conforto, trouxeram-lhe condenação e a acusação que ouvimos ainda hoje: "Deus está castigando você por seus pecados."

Elifaz começou o julgamento: "Qual foi o inocente que chegou a perecer? Onde foi que os íntegros sofreram destruição?"(Jó 4:7).

Para mim, isso é uma pergunta idiota. Pergunto-me se Jó não reagiu assim também. Conheço muitas pessoas boas e inocentes que foram castigadas com tempos difíceis. Este livro está repleto de suas histórias, pessoas como Darrell Gilyard e Debbie, minha amiga que sofre de esclerose múltipla.

Elifaz continuou: "Pelo que tenho observado, quem cultiva o mal e semeia maldade, isso também colherá" (4:8).

Ah, não, não é bem assim. Alguns pecadores sofrem, mas muitos santos sofrem também.

O conselho de Elifaz a Jó é bem semelhante àquilo que alguns cristãos ainda dizem a seus amigos que sofrem: "Vá a Deus e confesse seus pecados a ele" (5:8).

Depois veio Bildade. Seu solilóquio é semelhante ao de Elifaz. E depois veio Zofar. Ele começou com uma exortação: "Pare!", ele gritou. "Não deveria alguém estancar essa torrente de palavras?" Ele está dirigindo suas palavras a Jó, mas como leitora eu penso: "Sim, alguém deveria calar a *sua* boca, não a de Jó!"

Zofar ainda acrescentou um insulto: "Certamente Deus está punindo você bem menos do que você merece" (11:6).

Pense bem, Zofar. O que poderia ser pior do que aquilo que aconteceu com Jó? Ele já disse que gostaria de morrer — e a morte é basicamente o único castigo que falta.

Mas seus amigos continuaram e continuaram. Por fim, Jó exclamou em desespero: "Dez vezes vocês já declararam que eu sou um pecador, mas vocês ainda não apresentaram nenhuma prova" (ver capítulo 19).

E ele está certo. Esses amigos falaram generalidades, mas nunca apresentaram uma instância específica em que Jó teria pecado. E infelizmente, alguns de nós fazemos o mesmo.

Jó confrontou seus amigos: "Vocês vão falar com maldade em nome de Deus? Vão falar enganosamente a favor dele? Vão revelar parcialidade por ele? Vão defender a causa a favor de Deus?" (Jó 13:7-8).

Todos nós precisamos ter esse cuidado. Creio que responderemos a Deus se vincularmos o sofrimento de nossos amigos aos seus pecados erroneamente.

Certamente, Deus repreendeu os amigos de Jó. Disse a Elifaz: "Estou indignado com você e com os seus dois amigos, pois vocês não falaram o que é certo a meu respeito" (Jó 42:7).

Jó mostrou como a compaixão deve ser expressa. Em frustração, exclamou:

Já ouvi muitas palavras como essas.
Pobres consoladores são vocês todos!
Esses discursos inúteis nunca terminarão?
E você, o que o leva a continuar discutindo?
Bem que eu poderia falar como vocês, se estivessem em meu lugar;
eu poderia condená-los com belos discursos,
e menear a cabeça contra vocês.
Mas a minha boca procuraria encorajá-los;
a consolação dos meus lábios lhes daria alívio.

Jó 16:2-5

Jó deve ter se sentido terrivelmente abandonado por seus amigos, que não demonstraram qualquer compaixão que merecesse ser mencionada. Queriam apenas discutir e provar que ele estava errado sem interessar-se pela agonia que estava sofrendo.

Quando olhamos para os "pobres consoladores" de Jó (e para nossas próprias reações), vemos claramente o que a compaixão não é. Mas o que, então, é compaixão? Meu dicionário me diz que compaixão significa demonstrar empatia, misericórdia, simpatia, ternura e preocupação. Mas gosto como Jó o expressou: "Minha boca procuraria encorajá-los" (16:5). Jó está dizendo que se fosse nosso amigo ele choraria conosco e nos abraçaria. Ele nos mostraria o amor de Deus e nos ajudaria a passar pelo processo de luto. Infelizmente, quando uma pessoa necessitada cruza o nosso caminho, preferimos demonstrar uma indiferença egoísta.

O MEDO PODE SUFOCAR A COMPAIXÃO

A melhor parte daquela noite em Clearwater foi saber que não era eu, mas o Senhor que estava operando ali. Nem sempre sou correta ou compassiva. Às vezes, ouço o chamado de Jesus para amar os desprezados, mas permito que aquelas armadilhas do medo e do egoísmo me impeçam de responder ao chamado.

Lembro-me de uma tarde de domingo quando estive numa pequena cidade em que deveria fazer um show num pequeno teatro.

O agente me instruiu a não me afastar demais, pois a região não era muito segura, mas eu estava precisando de uma xícara de chá. Após checar o equipamento de som, olhei para fora do teatro e vi que pertinho dali tinha um lugar onde eu conseguiria meu chá.

Rapidamente, caminhei até o restaurante, pedi meu chá e já estava voltando para o teatro quando vi um homem vir em minha direção. Ele tinha pouco mais de vinte anos, e suas roupas me diziam que ele vivia na rua. Seu cabelo estava sujo e grudento. Suas roupas estavam sujas e rasgadas. Ele estava descalço e me admirava com um olhar estranho.

Quando esse homem se aproximou, meu coração começou a palpitar. Então, ele parou e disse:

— Você pode me dar algo para beber?

Eu rapidamente lhe dei meu chá e corri de volta para a segurança do teatro. Depois, eu o esqueci.

Naquela noite, tudo correu bem durante o show. Depois, quando eu estava aconselhando algumas pessoas que haviam vindo à frente para aceitar o Senhor, vi aquele mesmo homem sendo aconselhado por alguns adolescentes! Quando ele saiu, fui até os dois jovens que haviam falado com ele e perguntei:

— Vocês conhecem aquele homem?

Eles me contaram que, quando estavam vindo para o teatro, haviam visto ele e entenderam que ele precisava do amor de Deus. Eles o pararam e perguntaram se ele gostaria de vir ao concerto com eles, e ele disse:

— Claro, por que não?

Assim, compraram uma entrada para ele e o levaram para dentro. Visto que sua camisa estava suja e rasgada, compraram uma camiseta com a estampa "Sheila Walsh", que estava sendo vendida juntamente com meus CDs.

Ele colocou a camiseta e assistiu ao show inteiro, ouvindo atentamente. No fim, entregou sua vida a Jesus.

Os dois jovens encerraram sua história explicando que, após terem levado aquele homem ao Senhor, combinaram de pegá-lo na manhã seguinte num asilo para homens e de levá-lo para a igreja.

Ouvi em silêncio enquanto os dois jovens, um rapaz e uma moça, compartilhavam seu entusiasmo comigo. Depois, desapareceram na noite, e eu fiquei para trás com aquele estranho silêncio que permanece em um teatro quando todos já foram embora.

Refleti sobre as nossas reações opostas àquele homem com o olhar selvagem. Eu o vi como ameaça, como alguém que era diferente de mim, como uma pessoa imprevisível, talvez até perigosa. Os dois jovens olharam para ele e viram alguém que precisava de Jesus e ofereceram seu amor a ele.

Foi quando eu entendi: aquele rapaz era como aquele homem na Bíblia que havia sido assaltado por bandidos e largado na beira da estrada. A vida havia feito exatamente a mesma coisa com ele, mas eu, como o sacerdote e o levita, passei por ele a fim de retornar para o conforto do teatro e para apresentar as Boas-novas do evangelho àqueles que já as conheciam. Os jovens, por sua vez, haviam se preocupado o bastante para serem bons samaritanos, para trazê-lo e compartilhar com ele o amor de Cristo.

Acho que é importante lembrar que Jesus contou a história do bom samaritano em resposta à pergunta de um escriba: "Quem é meu próximo?" Essa história simples, que quase todos os cristãos conhecem de cor, mostra que, às vezes, nos encontramos em situações em que precisamos de compaixão, mas que nem sempre a recebemos. Aqueles dos quais esperamos recebê-la, não a oferecem, e quando a compaixão aparece, ela vem de um próximo improvável.

A história do bom samaritano me lembra de que os dias do cavalheiro solitário já não existem mais. Cada um de nós precisa de amigos que cuidarão de nós mesmo quando não merecemos seu cuidado. Amizade verdadeira significa que, mesmo quando alguém cai e comete erros, estamos ali para essa pessoa. Nossos relacionamentos não podem ser negociados. Um dos segredos de perseverar quando a vida é dura é ter amigos que conhecem Deus e o amam. Esses amigos podem estender suas mãos e amar você também.

Ponto de virada: Quando pessoas necessitadas cruzam nosso caminho, podemos demonstrar uma indiferença egoísta ou podemos tirar nossos olhos de nossas próprias necessidades e seguir Jesus amando os desprezados.

O significado supremo de compaixão é amor e graça. Quando entendemos o que o amor e a graça de Deus fizeram por nós, não temos como não demonstrar compaixão aos outros.

Harry se perguntou por que tinha perdido tudo

Um dos meus convidados no programa *Heart to Heart* foi Harry Wingler, cuja história comoveria qualquer um. Não foi tanto a sua história que me impressionou, mas as pessoas compassivas que se apresentaram em sua vida.

Harry havia sido um comerciante bem-sucedido com sua padaria, que empregava 26 funcionários. Era casado e tinha dois filhos lindos, mas ele começou a beber e a usar drogas juntamente com sua esposa.

Após algum tempo, sua esposa o abandonou, e a última coisa que ele soube dela é que havia morrido na sarjeta como prostituta. Autoridades locais vieram e tiraram seus dois filhos e os entregaram para famílias adotivas.

A partir daquele momento, a queda de Harry foi rápida. Surgiram problemas financeiros em virtude de seu consumo de drogas e álcool e ele acabou indo viver nas ruas. O antigo homem bem-vestido agora nem tinha roupas limpas para trocar.

Finalmente, Harry veio a viver embaixo de uma ponte, revirando latas de lixo à procura de comida. Conseguiu encontrar uma arma, e ele e um amigo começaram a assaltar as casas. Mas o pouco dinheiro que conseguiam roubar nunca bastava. O apetite de Harry por drogas e álcool impedia que juntasse algum dinheiro e conseguisse um novo lar.

Certa noite, estava sentado no banco de um parque, sozinho, com frio e molhado. Um garoto da igreja local se aproximou dele e lhe deu um folheto, dizendo:

— Hoje à noite teremos um culto. Por que não vem também? Deus poderia mudar sua vida.

O garoto deixou Harry irritado. Pensou: "Se Deus realmente existe, por que minha vida é como é? Por que tudo está tão caótico? Por que perdi tudo que tinha algum significado para mim?"

Mesmo assim, algo o levou até àquela igreja. Do lado de fora, podia ouvir a música. Parecia que todos estavam se divertindo lá dentro. Estava frio do lado de fora, e parecia quente lá dentro, por isso, ele entrou.

Sentou-se no fundo com sua arma no bolso, observando as pessoas cantando e louvando a Deus nessa pequena igreja latina. O pastor olhou para ele lá do alto do púlpito e lhe disse:

— Deus pode mudar sua vida se você permitir.

Uma mulher que estava sentada do seu lado se ajoelhou, começou a chorar e exclamou:

— Deus, salve meu irmão! Salve meu irmão!

— Pensei que ela estava louca — Harry me contou. — Disse a mim mesmo: "Não sou seu irmão. Não sou latino. Não sou nem parente dela."

Mas Harry não conseguiu sair. Havia um amor naquele lugar que o segurou ali. E antes mesmo de perceber, ele estava na frente do santuário, de joelhos, chorando. O pastor orou por ele, e Harry, o comerciante orgulhoso que havia perdido tudo, entregou sua vida a Jesus Cristo e foi preenchido com o Espírito Santo.

Quando me contou sua história muitos anos após ter acontecido, lágrimas correram pelo seu rosto, e pelo meu também. Seus olhos se encheram com um brilho radiante quando lembrou a noite em que passou da escuridão para a luz, quando lembrou a mudança radical que o amor de Deus trouxera ao seu coração.

Mas para mim, é aqui que a história de Harry realmente começa. Na mesma noite em que encontrou a salvação, Harry agradeceu aos seus amigos latinos e já ia se despedindo, quando eles disseram:

— Para onde você vai, Harry? Você não tem lar. Agora, você faz parte da nossa família. Você virá e viverá conosco.

Uma das famílias da igreja o acolheu, e ele passou semanas vivendo com ela. Então, os jovens da igreja, quando perceberam que ele não tinha roupas para vestir, contribuíram com seu próprio dinheiro para que Harry pudesse comprar uma muda de roupas novinha em folha.

Após mais algumas semanas, disseram: "Você precisa conhecer a Palavra de Deus." E assim o enviaram para o *Teen College*, onde ele passou sete meses estudando a Palavra de Deus.

Naquela quinta-feira de manhã, com as câmeras de televisão ligadas, encontrei-me ao lado de um homem cujas raízes estavam profundamente arraigadas na Palavra de Deus. Ele me lembrou daquele homem do salmo 1 que não andava mais segundo os conselhos dos ímpios, mas cujas raízes alcançavam as profundezas do rio da vida. Quando Harry se despediu naquele dia, eu o abracei e lhe disse que benção ele foi para mim e para os espectadores. Mais tarde, enquanto dirigia para casa, minha mente estava repleta de perguntas.

O que teria acontecido se Harry tivesse entrado em uma das nossas lindas igrejas brancas? Será que nós o teríamos amado igual àquela pequena comunidade latina? Nós o teríamos levado para nossa casa?

Eu teria lhe comprado uma nova muda de roupas? Ou será que eu teria voltado para casa naquela noite, regozijando porque um homem sem teto havia encontrado Jesus? Ou será que eu teria mandado ele de volta para "casa", de volta para a ponte, para lá orar a Deus?

Por fim, perguntei-me: "Se aquelas pessoas daquela igreja não tivessem amado Harry, ele estaria aqui comigo hoje?"

Algumas pessoas podem dizer: "Espera aí, Sheila. Não somos nós, é Jesus. É ele quem atrai, guarda e salva."

Sei disso, mas não consigo esquecer as palavras de Harry:

— Sabe, Sheila, muitas vezes saímos de fininho e dizemos: "Bem, Jesus é a resposta." — Então fixou-me com seus olhos e disse algo que jamais esquecerei. — Mas quer saber, Sheila, nós somos a resposta. Você e eu. Jesus nos deixou um trabalho a fazer.

Harry Wingler me lembrou de que fazer a vontade de Deus nos dá alegria. Uma linda oração de Inácio de Loyola o expressa da seguinte forma:

Ensina-nos, bom Senhor, a servir como desejas;
A dar e não calcular o custo;
A lutar e não prestar atenção às feridas;
A labutar e não buscar o descanso;
A trabalhar e não pedir recompensa;
A não ser saber que estamos fazendo a tua vontade.

Inácio de Loyola deu um bom conselho. Infelizmente, tornamo-nos satisfeitos com nosso cristianismo ocidentalizado. Encontramo-nos no grande perigo de permanecer na zona de conforto das nossas próprias vidas, sem compaixão pelos outros, trancados em casa lutando contra nossas próprias fraquezas e tentações.

Eu sou grata pelas oportunidades que tive de fazer viagens missionárias para as Filipinas, para a Polônia, Rússia e Hong Kong. Encontrei pessoas nesses países em pobreza desesperadora, mas ricas em Cristo.

Sou grata também pelas necessidades que pude reconhecer no centro da cidade entre os idosos, os sem teto, as prostitutas jovens e garotas solteiras grávidas. É fácil encontrar lugares para compartilhar um copo de água fresca em nossa própria comunidade, no nosso próprio bairro.

Sou profundamente grata a Deus por trazer pessoas como Harry Wingler para a minha vida. Ele é apenas um de muitas pessoas desconhecidas que me ensinaram um segredo vital para continuar quando a vida é dura. O segredo é a compaixão. Quando você estende sua mão a outros em nome de Jesus, você precisa tirar os olhos de si mesmo. É nesse momento que você percebe que não precisa se agarrar a nada. Pelo fato de você estar tão perto de Jesus, ele segura você na palma de sua mão.

12

EXISTE UMA CANÇÃO MELHOR PARA CANTAR

Quando seus sonhos parecem desabar ou não se realizar, a falta de esperança pode dominar nossa vida — ou podemos continuar de mãos abertas, sabendo que temos esperança porque Deus é fiel.

Os filmes mais comoventes são aqueles que despertam memórias em nossos corações. Fui assistir a *Magnólias de aço* porque eu gostava de Sally Fields e Olympia Dukakis, mas no fim chorei porque o filme me lembrava de uma mulher que eu havia conhecido. Os membros da igreja haviam acompanhado, orado e implorado a Deus pela vida dessa jovem esposa e mãe vibrante. Mais tarde, acompanhamos seus pais, seu marido e seu pequeno filho ao funeral. Quando assisti ao filme, eu não sabia que ele se baseava numa história verdadeira. Mas dois meses mais tarde eu encontrei o marido verdadeiro. Ele se chama Pat Robinson, e o nome de sua esposa era Susan, não Shelby. Pat é um pediatra que entrou no Reino de Deus por medo, aos nove anos, em virtude de uma mensagem sobre o fogo do inferno, na qual ele continuou acreditando mesmo adulto.

Pat e Susan se casaram, sabendo que ela sofria de uma forma grave de diabetes. Ter um filho representaria um grande risco para Susan. Mas Susan desejava muito um filho, por isso, ficou muito feliz quando engravidou.

Algum tempo após o nascimento de seu bebê, Susan ficou muito doente. Pat decidiu que isso era um teste de Deus e que ele não fracassaria. Ele acreditava que Deus curaria a sua esposa como testemunho para todos que a conheciam.

Mas Susan não foi curada; na verdade, seu estado piorou. Enfraquecida e desencorajada pela doença, ela se sentiu um fracasso. Ela acreditava que não havia sido curada porque lhe faltava fé. Então Pat decidiu que caberia a ele assumir a responsabilidade — que ele salvaria sua esposa.

No dia em que Susan morreu, Pat ficou perplexo. Ele estava do lado da cama, e os médicos lhe disseram que ela havia morrido. Mas ele não conseguiu aceitar. Em que ele havia falhado? Como podia estar tão enganado?

Pat saiu do quarto da Susan e andou pelos corredores do hospital, esfregando as mãos em sua testa. De repente, teve clareza: Deus esperaria até o funeral para então ressuscitar Susan de dentro do caixão! Um grande ânimo tomou conta dele quando percebeu que esse milagre seria muito mais impressionante do que uma simples cura de Susan. Quase não conseguiu se conter. Queria contar a todos o que estava prestes a acontecer.

Nervoso, assistiu à cerimônia durante o funeral. Os membros da família choravam, mas ele ficou olhando para o caixão e esperou. Susan não se levantou. O caixão foi colocado no túmulo. A tampa permaneceu fechada quando os homens começaram a jogar terra nela.

A vida de Pat desabou. Os amigos bem-intencionados, que haviam lhe dito que Susan seria curada se ele tivesse fé, desapareceram como a neblina matinal. Ele estava a sós com um Deus que ele não conhecia.

A depressão ofuscou seu coração, e ele partiu para um futuro triste e vazio. Em sua solidão, começou a clamar a Deus. Todos os dias, abria sua Bíblia e lia sobre um Deus que prometia paz em meio ao tumulto e alegria na mais profunda tristeza. No início, a desesperança de Pat quase o levou à loucura, e ele pediu que Deus não o abandonasse. Enquanto mantinha sua mente concentrada na Palavra de Deus e nas promessas que encontrou nela, a paz começou a tomar o lugar do desespero. Ele leu: "Tu guardarás em perfeita paz aquele cujo propósito é firme" (Isaías 26:3). Ele pediu a Deus que ele o libertasse das meias-verdades e das mentiras que Satanás adora insuflar em nossos ouvidos e lhe mostrasse a simples verdade.

Perfeita paz é traduzido do hebraico *shalom, shalom*, e significa *satisfação, abundância, bem-estar, segurança*. A expressão *cujo propósito é firme* provém de duas palavras hebraicas: a primeira significa "vontade, imaginação"; a segunda, "dependente, apoiado, firme". Quando nossa vontade e nossa imaginação dependem de Deus, quando decidimos voltar nossos pensamentos para ele, encontramos a simples verdade de que Deus basta. Descobrimos, como escreveu Isaías, que "no Senhor há força eterna". E em sua força encontramos satisfação e segurança.

Nossa fé em Deus não basta para provocar milagres. Deus tira de nós alguns servos fiéis antes de estarmos dispostos a nos despedir deles. E ele permite que pessoas sem qualquer fé sejam curadas. Tudo que podemos fazer quando estamos de luto é voltar nossos pensamentos para ele, acreditar que Deus é o suficiente mesmo quando os milagres não acontecem, pois apenas ele pode nos guiar pela noite.

Fé, esperança e amor

Segundo o apóstolo Paulo, três coisas permanecerão para sempre: fé, esperança e amor. Paulo deixa claro que o maior destes é o amor, e todos nós concordamos. Mas e quanto aos outros dois?

Sabemos que a fé é crucial. Sem fé é impossível agradar a Deus ou perseverar quando a vida se torna difícil. A dúvida se insere tão facilmente, e a única resposta é lembrar que Jesus faz tudo valer a pena. Essa é a fé que Pat Robinson tinha.

Mas e quanto à esperança? Em nossa pressa de garantirmos que tenhamos fé e amor, às vezes falhamos em dar à esperança o espaço que ela merece. Sem esperança a vida é um jogo triste executado sem entusiasmo ou alegria.

Enquanto a nossa sociedade avança pelo século XXI, as pessoas se perguntam quais são as nossas chances reais. Existe alguma esperança?

São perguntas legítimas, e creio que apenas os cristãos têm respostas legítimas. Lembrei-me disso recentemente, justamente num cinema.

EXISTE UM LUGAR ONDE PODEMOS LEVAR NOSSOS SONHOS DESTRUÍDOS

Eu sempre amei ir ao cinema, e sou o tipo de pessoa que precisa ver o filme inteiro. Se eu perder o primeiro minuto, eu não entro. Sou pior do que Woody Allen. Espero duas horas até o filme recomeçar. Gosto de já estar sentada quando as luzes se apagam para estar no clima da coisa.

E não gosto de sair antes de ter visto todos os créditos. Quero saber quem foi responsável pela fotografia, quem foi o carpinteiro e todas as outras pessoas que trabalharam por trás da câmera e deram tudo de si para o filme.

É por isso que gosto de ir aos cinemas independentes, onde todos ficam para assistir a todos os créditos no final do filme, independentemente de gostarem daquilo ou não. Num cinema regular, as pessoas simplesmente se levantam no instante em que o filme termina.

Em 1990, fui assistir a *Campo dos sonhos*. Trata-se de uma história de ficção sobre um homem que constrói um campo de baseball no meio de um campo de milho, em Iowa, e de alguma forma os astros do passado aparecem para jogar em seu campo, dando-lhe novas esperanças para seus sonhos destruídos. A "teologia" do filme não é perfeita, mas a história teve um impacto forte sobre mim.

Como sempre, quando o filme terminou, fiquei sentada, tentando assistir aos créditos enquanto todos os outros levantavam e passavam na nossa frente. Mas, visto que algumas luzes do cinema haviam sido acesas, pude ver os rostos das pessoas que passavam na minha frente. As mulheres estavam sorrindo e fofocando porque haviam gostado do filme e por causa da aparência de Kevin Costner.

Mas quando olhei para os olhos de alguns homens, vi algo diferente. Alguns dos homens mais velhos tinham um olhar de arrependimento. Durante duas horas, haviam se entregue a um luxo incomum. Haviam olhado para trás e pensado em suas vidas, e agora estavam pensando: "Talvez tudo poderia ter sido diferente."

Quando estes homens eram jovens, haviam sido idealistas, mas agora sabiam que a vida era uma questão de compromissos, pois é assim que a vida é. Você tem que dar tudo de si e aguentar de tudo também. Após assistirem a *Campo dos sonhos* e refletirem sobre como alguns de seus próprios sonhos haviam sido destruídos, eles viveram um momento de dúvida: "Eu fiz bem ou mal ao viver a minha vida?"

Vi esse olhar em muitos dos olhos dos homens que passaram por mim quando saíram do cinema, e eu senti vontade de me levantar e chamá-los de volta. Queria dizer: "Podemos voltar atrás. Existe um lugar aonde podemos levar nossas desilusões e nossos arrependimentos. Ao pé da cruz há lugar para novos começos."

Como Rita encontrou sua canção

O olhar ansioso nos olhos dos homens que saíram da exibição de *Campo dos sonhos* naquela noite me lembrou de outro filme que eu havia visto alguns anos atrás. O *despertar de Rita* é a história de uma jovem dona de casa de Liverpool que começou a entender que poderia fazer mais de sua vida. Ela se matriculou na universidade e começou a estudar. E descobriu todo um mundo novo a ser explorado.

Logo, porém, ela começou a se sentir rejeitada pela sua família e pela comunidade acadêmica. Certa noite, foi convidada para um jantar na casa de seu professor, mas ao chegar na porta e olhar pela janela e ver todos os convidados sofisticados bem-vestidos, ela decidiu não entrar. Em vez disso, foi até o bar e se juntou ao marido, seus pais e o resto da família. Todos estavam bebendo cerveja e cantando antigas canções folclóricas.

Rita tentou cantar junto, mas tudo era tão vazio e previsível: todos os homens estavam ficando bêbados, com suas esposas obedientes ao seu lado, tentando fazer de conta que estavam se divertindo.

Enquanto a música continuava e a cerveja fluía, Rita olhou para sua mãe. Ela havia parado de cantar e agora estava sentada ali no canto, e lágrimas escorriam pelo seu rosto. A mãe de Rita era uma dona de casa comum, que seguia o lema de calar a boca e seguir em frente. Mas lá estava ela, chorando silenciosamente enquanto seu marido embriagado cantava em volume máximo.

— Por que você está chorando, mãe? — Rita perguntou.

Sem hesitar, sua mãe respondeu:

— Deve existir uma canção melhor para cantar.

As palavras da mãe deram nova esperança e determinação a Rita para voltar à faculdade. O marido de Rita havia jogado todos os seus livros no fogo, e ela estivera prestes a desistir. Ele não queria que sua esposa fosse mais inteligente do que ele. Queria que ela ficasse em casa e engravidasse.

Em vez disso, Rita voltou para a faculdade e disse ao professor:

— É isso que estou tentando fazer, não é? Cantar uma canção melhor. Bem, é por isso que eu voltei e é por isso que vou ficar. Vamos trabalhar?

Ponto de virada: Quando seus sonhos parecem desabar ou não se realizar, a falta de esperança pode dominar nossa vida — ou podemos continuar de mãos abertas, sabendo que temos esperança porque Deus é fiel.

Rita decidiu que ela encontraria sua canção melhor por meio de sua formação. Ela não desistiria porque havia, e sempre haveria, uma canção melhor para cantar.

UMA CANÇÃO MELHOR NASCE EM BROOKLYN

Numa viagem à cidade de Nova York, tive a oportunidade de visitar o Brooklyn Tabernacle, cujo pastor é Jim Cymbala, um homem com um compromisso simples, mas profundo com Cristo, um verdadeiro homem de Deus. Fui convidada a cantar algumas canções durante o culto, e aceitei alegremente.

No domingo, um membro da igreja de Jim veio me pegar no hotel e me levou até o Brooklyn. Era um lindo dia de sol, e a igreja estava lotada. Parecia que pessoas de todas as raças, crenças e cores haviam ido para o Brooklyn Tabernacle naquele domingo.

O famoso poeta escocês Robert Burns escreveu certa vez: "Os melhores planos de ratos e homens podem descaminhar", ou seja, você pode planejar o quanto quiser, mas isso não significa que tudo correrá como você planejou. Como essas palavras são verdadeiras! Como sempre faço antes de um concerto ou culto onde eu cantarei, planejei chegar bem cedo para ter tempo o suficiente para checar o equipamento de som antes da chegada do público.

O que eu não sabia é que, no Brooklyn Tabernacle, as pessoas chegavam horas antes do início do culto. Havia pessoas por toda parte. Estavam no palco, onde o coral ensaiava. Alguns me chamavam dos bancos, perguntando quem eu era e o que eu estava fazendo ali em cima. Outros me abraçavam. Eu estava decidida a checar o equipamento de som, mesmo se aquilo me matasse. O que parecia bem provável.

Creio que, em certos dias, não sou uma pessoa muito paciente. Eu preciso fazer tudo certo, e quando não consigo não fico exatamente entusiasmada. Tocamos a primeira fita no equipamento. O som estava terrível. Parecia que a música estava vindo de uma meia de futebol suja.

— Não posso cantar assim — lamentei. — Nem consigo ouvir a música. É terrível!

De repente, todo mundo parecia olhar para mim, como se estivessem dizendo: "É essa a pessoa que vai cantar para nós? Não aguentaremos isso!"

Tentei cantar com o microfone, mas parecia que eu estava degolando um gato. Eu sabia que precisava dar o fora dali, e assim, como uma boa cristã, abaixei a cabeça e atravessei a multidão até a porta. Consegui sair, e lá fora, pensei: "Senhor, o que farei? O som está terrível. Não sei o que dizer para essas pessoas. Queria simplesmente correr e me esconder em algum lugar."

Deus fala de maneiras especiais

Então senti alguém pegar a minha mão e apertá-la. Olhei para baixo e vi uma garotinha. Ela deveria ter uns 12 anos. Quando olhei para os seus olhos, ela estampou um sorriso enorme em seu rosto e disse:

— Não é maravilhoso saber que Jesus nos ama?

Não existe aquele provérbio que fala da verdade que sai da boca de crianças? Sorri para ela e tentei lhe dizer algo como: "Sim, doçura, é maravilhoso sim." Então me virei e voltei para a igreja, pensando: "Bem, acho que está na hora de descer novamente do seu pedestal, Sheila Walsh e se juntar ao povão. Você simplesmente terá que entrar aí e se sentar no banco da frente."

Então orei: "Senhor, talvez isso seja o pior concerto que essas pessoas já ouviram, mas o entrego a ti e peço que, de alguma forma, toque os corações dessas pessoas, porque elas já estenderam sua mão e me tocaram."

O culto começou. A mensagem de Jim Cymbala, da qual me lembro claramente, enfatizou como damos prazer ao coração de Deus. Era tão real e palpável, principalmente suas afirmações de que nenhuma oração feita neste planeta pelo povo de Deus se perde.

— Os anjos oferecem nossas orações em taças douradas ao Pai, porque o aroma das nossas orações é tão doce para ele — Jim nos disse. — E então os anjos dizem a ele: "Ouve, sente o perfume, vê teus filhos orando."

Você alguma vez já orou e achou que sua oração ficasse presa no teto? Você se pergunta por que a resposta não chega com o correio na manhã seguinte? Deus realmente ouviu?

Naquele dia, fiz minha oração tímida na frente do Brooklyn Tabernacle, dizendo: "Senhor, mais uma vez fui lembrada dos meus pés de argila e da minha fraqueza. Se houver qualquer coisa que tu possas fazer por meio de mim hoje, eu me entrego a ti e te peço que me laves mais uma vez e me purifiques."

Naquele momento, eu sabia que tudo ficaria bem. Eu sabia e acreditava com todo meu coração que cada oração alcança o coração de Deus e lhe dá prazer.

ESSAS PESSOAS PRECISAVAM DE UMA CANÇÃO DIFERENTE

Então me levantei para cantar e comecei com uma ou duas das minhas canções favoritas dos meus discos. Mas enquanto cantava, olhei para a congregação e percebi que muitas dessas pessoas estavam vivendo situações desesperadoras. Essas pessoas viviam na dura realidade da vida em uma das áreas mais pobres de Nova York. Estavam acostumadas a todo tipo de abuso e sofrimento: frio, pobreza, falta de comida, e até mesmo violência. Antes do culto, Jim me contara que muitas das mulheres sentadas ali ficariam ainda muito tempo na igreja após o culto, porque sabiam que apanhariam de seus maridos bêbados no momento em que voltassem para casa.

Quando olhei para aqueles rostos, percebi que minhas canções não estavam alcançando essas mulheres. Eram lindas — e suas palavras eram boas — mas não tinham nada a ver com a situação dessas pessoas. Parei no meio de minha apresentação. Eu me virei e disse para alguém no palco: "Você tem um hinário?" A pessoa me deu um velho hinário, e rapidamente encontrei o hino "Sou feliz". Então, voltei-me novamente para o público e cantei:

> Quando a paz cruza meu caminho como um riacho,
> Quando a tristeza me inunda como o mar;
> Qualquer que seja a minha sorte, tu me ensinaste a
> dizer: "Tudo está bem, tudo está bem com a minha
> alma."[17]

Quando as palavras lindas desse hino alcançaram os ouvidos da plateia, vi como em toda a igreja as mãos começaram a se levantar em adoração. Algumas pessoas caíram de joelhos, lágrimas escorriam pelos seus rostos.

Esse hino, escrito por um homem que perdeu quatro filhas e todos os seus bens em um terrível naufrágio, nos lembrou novamente de que não importa a situação em que estamos, não importa por que passamos, não importa o que muda ou não muda, sempre existe ainda uma grande verdade à qual todo o povo de Deus pode se agarrar. Mesmo na escuridão e na desilusão, mesmo quando nossos sonhos são destruídos, podemos cantar: "Tudo está bem, tudo está bem com a minha alma."

E naquela manhã, aprendi novamente que, em todas as situações, os cristãos sempre têm uma canção melhor para cantar. Por causa da nossa fé no sacrifício de Cristo, sempre teremos esperança.

Van Gogh era mais do que um pintor

Um dos meus personagens favoritos do mundo da arte é o pintor Vincent van Gogh, cuja vida foi representada no romance *Lust for Life* [Desejo pela vida], de Irving Stone, e que foi adaptado para o cinema com Kirk Douglas.[18] Se você leu o livro ou viu o filme, sabe que van Gogh foi muito mais do que um pintor que se transformou em um homem atormentado incapaz de viver no mundo real.

Cedo em sua vida, ele era um evangelista, e sua organização missionária o enviou para uma região na Bélgica onde os mineradores viviam em pobreza desesperadora. Van Gogh recebeu uma linda casa, mas quando viu as cabanas em que viviam os mineradores, ele não conseguiu viver em seus aposentos muito melhores.

Provavelmente disse a si mesmo: "Se eu quiser alcançá-los, preciso viver como se fosse um deles." E assim mudou-se para uma cabana horrível, vestiu nada além de um pano de saco e começou a organizar reuniões. Aos poucos, as pessoas começaram a vir para suas reuniões, e durante seis meses ele teve um grande impacto sobre as pessoas daquela região. Infelizmente, o presidente de sua missão veio visitá-lo. Quando viu como van Gogh estava vivendo — como um homem pobre e desprezado — o homem ficou tão enojado com ele que o demitiu.

Van Gogh teve que deixar o povo que estava tentando ajudar, mas as pessoas nunca se esqueceram de seus sermões, que incluíam afirmações como: "Para aqueles que creem em Jesus Cristo, não existe sofrimento que não esteja misturado com esperança." E van Gogh também disse: "Uma crença antiga e boa afirma que somos forasteiros na terra, no entanto, não estamos sozinhos, pois nosso Pai está conosco."

POR FIM, NOSSOS OLHOS DEVEM VER APENAS ELE

O salmo 139 é uma das minhas passagens favoritas porque descreve lindamente como o Senhor está sempre conosco — a cada momento do dia e da noite. Toda vez que leio isso, minha esperança é fortalecida. Esperança significa entender que nosso destino está entrelaçado com o poder e a vontade soberana de Deus para a nossa vida. Quando Jó passou por seu terrível sofrimento, ele continuou a se perguntar onde Deus estava. Se Deus se manifestasse, Jó teria algo a que se agarrar, algo para reavivar a sua esperança.

No fim da história, Deus finalmente se manifestou em todo o seu poder e sua glória soberana. Após ouvir uma trovoada de perguntas do Senhor, Jó reconheceu que ele havia falado sobre coisas que não entendia e que havia falado de coisas maravilhosas demais para seu entendimento. A confissão de Jó foi a derrota final de Satanás. A discussão entre Satanás e Deus no início do livro de Jó foi resolvida uma vez por todas, porque Jó agora disse: "Meus ouvidos já tinham ouvido a teu respeito, *mas agora os meus olhos te viram*" (Jó 42:5).

E então Jó acrescentou: "Por isso menosprezo a mim mesmo", ou seja, odiava o seu pecado, aquilo que todos nós devemos odiar, não importa o que a vida nos traga. Nas palavras de Jó: "Eu me arrependo no pó e na cinza" (Jó 42:6).

Jó nunca recebeu uma resposta para a sua primeira pergunta — "Por quê?". Mesmo assim, bastava. Até mesmo em sua dor, Jó encontrou uma canção melhor para cantar, porque agora havia adquirido uma nova compreensão do fato de que sua única esperança estava em Deus.

Partido ao meio, ele se tornou completo

Quando penso nas pessoas que Deus trouxe à minha vida por meio das minhas viagens ou em minhas conversas no *Heart to Heart*, lembro-me um pouco dos "corredores da fama da fé" do capítulo 11 na carta aos hebreus. Ali, encontramos pessoas grandes e pequenas, famosas e desconhecidas, cujos sonhos foram destruídos, mas que encontraram esperança — e a canção melhor de Deus.

Lembro de Bob Wieland, um homem de mais de 1,90m de altura e mais de 130 quilos, que foi enviado ao Vietnã. Bob voltou para casa com uma altura de menos de um metro e 42 quilos após uma mina dos vietcongues parti-lo ao meio.

Quando Bob conversou comigo, ele descreveu vividamente como era a vida para um jovem soldado norte-americano no Vietnã. Suas descrições me permitiram sentir a selva quente, abafada e barulhenta e o medo de não saber o que esperar por trás da próxima árvore de bambu. Bob me contou o dia em que ele e sua companhia estavam atravessando o mato. Ele percebeu um silêncio incomum, como a tensão que você sente quando assiste a um filme de terror e sabe que algo aparecerá do nada e cravará uma faca nas costas de alguém.

De repente, Bob ouviu um de seus amigos gritar bem na sua frente. Bob começou a correr em sua direção, e depois não se lembra de mais nada. Ele pisou numa mina que poderia ter destruído um tanque. Seu tronco foi lançado em uma direção; e suas pernas, em outra.

Após a batalha, Bob ficou deitado em solo vietnamita durante cinco dias. Quando finalmente o encontraram, tinham certeza de que estava morto, mas estavam enganados. Tinha perdido suas pernas, mas continuava vivo.

Ele lembra como acordou e pensou: "Bem, Senhor, tentaram acabar comigo aqui, mas continuo vivo. Então, o que queres que eu faça? Qual o propósito que tens para a minha vida?"

Um atleta nato, Bob planejara seguir uma carreira no baseball profissional. Agora, percebeu que esse sonho tinha acabado. Mesmo assim, decidiu não perder a esperança. Ele tentaria fazer outra coisa. Tornou-se levantador de peso e treinou todos os dias. Finalmente começou a competir e decidiu realizar seu novo sonho de estabelecer um novo recorde mundial.

O grande dia finalmente veio. Bob, com um imenso esforço, levantou 185 quilos.

Antes de a poeira da sua nova glória se assentar, Bob recebeu as notícias. Ele perdeu seu título. Foi desqualificado porque alguém havia descoberto uma regra que dizia que ele precisava calçar sapatos durante a competição.

Quando Bob me contou essa história, olhei para ele completamente perplexa.

— O que você fez? — perguntei. — Se você não enlouqueceu no Vietnã, certamente enlouqueceu agora. Você foi para lá servir ao seu país; você fez o que acreditava ser a sua obrigação; você deu tudo que tinha e perdeu suas pernas. Você voltou um homem diferente. Você trabalhou e treinou para quebrar um recorde mundial, e eles têm a ousadia de dizer-lhe que, pelo fato de ter "esquecido" suas pernas no Vietnã, estava sendo desqualificado.

Bob sorriu e simplesmente respondeu:

— O que poderia fazer? Olhei para o rosto do juiz, apertei sua mão e lhe disse: "Entendo. Tudo bem."

Bob Wieland me mostrou naquela manhã que ele entendeu algo que nenhum livro senão a Palavra de Deus pode nos ensinar: no fim das contas, nenhuma coroa terrena tem valor. Ele decidiu lembrar que Deus é fiel. Imagino que no dia em que lhe tiraram a medalha, em algum lugar tranquilo e desconhecido, uma joia muito maior e infinitamente mais valiosa foi colocada na coroa de Bob Wieland.

UM SUPERCORREDOR DE MARATONA SEM PERNAS!

Mas Bob não havia terminado ainda. Ele tinha o sonho de fazer algo para os sem-teto norte-americanos e decidiu que, apesar de não ter pernas, ele ainda tinha as suas mãos. Ele "caminharia" pelos Estados Unidos para arrecadar dinheiro para os sem-teto. Com luvas especiais construídas como sapatos, Bob partiu, movimentando seu peso *apenas com seus braços e suas mãos* numa jornada de uma costa a outra, que demorou três anos e meio.

Suportou todo tipo de clima, recebeu apoio de pessoas improváveis e sofreu oposição de pessoas que se sentiram ofendidas por sua deficiência. Um garoto de oito anos se aproximou dele e lhe deu vinte centavos. Pessoas sem lares o viram, pegaram o trocado que tinham e o deram para ele, pois entenderam que ele estava querendo fazer uma diferença. Por onde passava, Bob pedia que Deus lhe desse a oportunidade de falar com as pessoas sobre a diferença que Jesus havia feito em sua vida. Certo dia, após caminhar quilômetro após quilômetro sem encontrar um único carro, ele perguntou ao Senhor: "Antes de me deitar nesta noite, poderias me enviar apenas duas pessoas? Faça um carro parar para que eu tenha a oportunidade de conversar sobre ti com duas pessoas."

O sol já estava se pondo quando um carro parou do seu lado e um casal idoso saiu. Conversaram com Bob durante muito tempo sobre muitas coisas, e finalmente Bob disse:

— Vocês podem me dizer algum motivo pelo qual não podem entregar suas vidas a Jesus neste momento?

O casal lhe disse que não tinham motivo para não fazê-lo e ali, à beira da estrada, se ajoelharam e oraram entregando suas vidas ao Senhor como seu Salvador.

Mas há mais alguma coisa em sua história. Tenho certeza de que, naquela noite na cama, ele teve um sorriso em seu rosto. E talvez uma lágrima tenha corrido pelo seu rosto porque o casal idoso que ele havia levado ao Senhor naquela estrada poeirenta eram seus próprios pais. Agora, eles também tinham uma canção melhor para cantar, pois pela primeira vez em suas vidas eles haviam depositado sua esperança naquele que transcende todas as decepções e todos os sonhos destruídos da vida.

Nossa esperança em Cristo nos capacita a vir a Deus com mãos abertas, nas quais ele coloca o que quiser e das quais ele pode retirar o que não deveria estar ali.

SEMPRE EXISTE UM CAMINHO

Quando o mundo pergunta se existe alguma esperança, podemos dizer: "Certamente, sim!" Ou como Philip Yancey o expressou: "Ninguém está isento de tragédias ou decepções — nem mesmo o próprio

Deus estava isento. Jesus não ofereceu imunidade, nenhuma fuga da injustiça, mas um caminho por meio dela para o outro lado."[19]

As palavras de Yancey me lembram de uma ilustração usada muitas vezes por Corrie ten Boom. Quando ela falava, levantava um tapete com o lado errado voltado para a plateia. "Isso não é lindo?", ela perguntava. Quando as pessoas olhavam para o avesso do tapete, tudo que conseguiam ver eram fios entrecruzados, nós por toda parte, uma superfície desorganizada. Era feio.

O público então olhava para Corrie, sem saber como responder à pergunta. Corrie ficava em silêncio por alguns momentos e então dizia: "Ah! Sim, é claro. Vocês não conseguem ver o tapete do meu ponto de vista."

Então ela virava o tapete para mostrar sua frente, e nele havia uma imagem de uma linda coroa!

Às vezes, a vida não faz sentido. Ela parece desorganizada, distorcida, feia. Mas se desistirmos de nossa visão mesquinha da vida e a trocarmos pela visão muito maior que Deus tem, sempre seremos capazes de preservar nossa esperança em Jesus Cristo.

13

UMA VIDA FAZ DIFERENÇA

===

Quando estamos diante de uma escolha, grande ou pequena, podemos nos contentar com uma fé morna e diluída. Ou podemos ir atrás de algo autêntico, pois sabemos que uma vida faz diferença — agora e por toda a eternidade.

No outono de 1991, eu estava conversando com Sandi Patti e Larnelle Harris quando estávamos a caminho do local onde nos apresentaríamos num show noturno. De repente, Sandi deu um pulo e apontou para a janela. Eu vasculhei o horizonte à procura de uma vaca de três pernas, um OVNI, uma cruzada de Billy Graham. Mas não! Sandi havia visto um Wal-Mart! Chegamos à conclusão que o entusiasmo de Sandi pela rede era algo muito comum num país em que as pessoas gastaram 32 bilhões de dólares nessas lojas em 1990.

Alguns meses mais tarde, ouvi a história de Ruth Glass, uma mulher linda e elegante, esposa do diretor-executivo da rede Wal-Mart.

Aos oito anos, Ruth foi levada de bar em bar em Albuquerque, no Novo México, por seus pais alcoólatras. Ela não se sentia amada nem amável. Aos 15 anos, casou-se com David Glass, na esperança de que o casamento preencheria o vazio em seu coração.

O jovem casal enfrentou dificuldades financeiras, às vezes, dormia no carro; outras vezes, numa esteira no chão frio. Mas David era um sonhador e estava determinado a trabalhar para realizar seus sonhos.

Juntos conseguiram que David se formasse na faculdade. Então, um bom emprego seguiu ao outro. À medida que ele se tornava cada vez mais bem-sucedido, as inseguranças de Ruth começaram a emergir. Após ganhar algum peso com as gestações de seus dois filhos, ela começou a tomar remédios receitados por seu médico para reduzir seu apetite. Logo precisou de mais remédios. Após algum tempo, estava tomando 32 pílulas por dia. Ruth percebeu que havia perdido o controle, então decidiu parar de tomá-las, mas o vazio permaneceu. Então, Ruth começou a beber: uma taça de vinho antes de sair à noite, algumas taças quando chegava ao seu destino e outra taça quando voltava para casa.

Certa tarde, após ter bebido o dia inteiro, David entrou e olhou para ela, deu meia volta e levou as crianças. Ruth sabia que havia se transformado em tudo aquilo que odiava em seus pais — ela se tornara uma alcoólatra fora de controle.

A tarde se transformou em noite, e aos poucos um plano surgiu em sua mente. Existia uma longa estrada cheia de curvas ao longo de um penhasco perto da casa da família Glass, e Ruth decidiu fazer seu carro sair da estrada e cair. Ela encenaria sua morte como acidente. David casaria novamente; as crianças teriam uma nova mãe que as amasse e cuidasse delas; não haveria divórcio penoso.

Quando Ruth me contou sobre seu plano de suicídio, fiquei arrepiada com o cuidado de seu raciocínio. Em sua opinião, seria um ato de amor maior.

Durante os próximos dias, Ruth permaneceu em seu quarto, indiferente ao tempo que passava. Finalmente, ligou a televisão e ouviu uma voz que lhe disse que Jesus a amava. Cativada por essas palavras, Ruth clamou a Deus para que ele a salvasse. Ela sabia que esta era sua última chance. Quando orou, uma paz e uma alegria, como ela jamais havia sentido antes, começaram a crescer em seu coração. E Ruth sabia sem qualquer dúvida que ela havia encontrado o Deus do universo.

Todos os dias, então, Ruth passou a ler a Bíblia com uma taça de vinho e um cigarro. Leu e releu os Evangelhos. Ela não sabia como um cristão deveria viver. Queria apenas aprender mais sobre esse Jesus que a amava. Certo dia, percebeu que estivera lendo já durante algumas horas e que sua taça de vinho continuava cheia. Deus havia curado seu coração. Ela não precisava mais do álcool.

Ruth havia desistido de si mesma, e Deus se tornou seu refúgio e sua força, uma ajuda muito presente em meio às dificuldades.

Salmos 46:6-7 diz que nações podem se enfurecer e reinos se deslocar, mas a voz de Deus derrete a terra. Nada resiste ao poder de Deus. Ele faz guerras terminarem — guerras que são travadas ao nosso redor e guerras de lágrimas e incertezas que são travadas contra nossas almas. "Parem de lutar!", escreveu o salmista. "Saibam que eu sou Deus" (v. 10). Quando paramos de lutar, reconhecemos as obras e a força de Deus. Reconhecemos, como Ruth, que Deus esteve conosco desde o início e que ele deseja nos curar para que nós possamos servir a ele.

Hoje, Ruth viaja pelo país compartilhando com outros o amor de Deus. Alguns escondem sua solidão por trás de ternos feitos sob medida, alguns afogam suas dores em drogas e álcool. Ruth lhes conta que Deus não é um velho homem distante e benevolente, mas uma ajuda muito presente em tempos difíceis.

A vida de Ruth está fazendo diferença no país inteiro. As nossas vidas também. E fazem diferença não só para as pessoas próximas de nós; mas também para o Senhor.

Nós o ouvimos aplaudindo?

Sempre que penso em Ruth e na diferença que ela está fazendo, lembro-me da história de um maestro famoso que veio da Alemanha para a América do Norte dirigir uma das maiores orquestras já formada. Foi uma apresentação incrível, e quando o crescendo final esvaeceu, a plateia levantou aplaudindo e gritando. A única exceção foi um homem na primeira fila, que permaneceu sentado, recusando-se a bater palmas.

O maestro desceu do palco estressado, e alguém disse:

— O que houve? Ouça. Ouça os aplausos! Ouça os gritos!

— Um homem na primeira fila não está aplaudindo — o maestro disse.

— E daí? — respondeu o outro. — Ouça todos os outros.

— Você não entende — o maestro disse com tristeza. — Este homem é meu professor. Ele é o mestre.

Muitas vezes me pergunto também: "Quem está aplaudindo?" Ruth Glass deveria ser capaz de ver o Senhor aplaudindo sua vida. Certamente eu consigo vê-lo batendo palmas.

No entanto, preciso fazer essa mesma pergunta a mim mesma: o Senhor está me aplaudindo? Se ele estiver sentado na primeira fila da minha vida e não estiver aplaudindo, é porque eu me contentei com uma fé diluída quando poderia ter conseguido o melhor.

No fim das contas, nossas escolhas afetam Deus

Uma fé não diluída é aquela que jamais esquece que uma vida faz diferença. Nossas escolhas sempre importam. Quando lemos o livro de Jó, reconhecemos facilmente que as palavras de conselho mais sábias vieram do amigo mais jovem dele, do irritado, mas sincero Eliú. Ele tocou em diversos pontos, e Jó não soube responder. Ao tentar explicar a grandeza soberana de Deus, Eliú fez uma afirmação que ele acreditava ser verdadeira:

> Se você pecar, em que isso o afetará?
> Se os seus pecados forem muitos, que é que isso lhe fará?
> Se você for justo, o que lhe dará?
> Ou o que ele receberá de sua mão?
> A sua impiedade só afeta aos homens, seus semelhantes,
> e a sua justiça, aos filhos dos homens.

Jó 35:6-8

Sem dúvida alguma, os teólogos lhe dirão que, em última análise, Eliú está certo. O Deus Todo-poderoso não precisa de qualquer coisa para sustê-lo. Ninguém afirmaria o contrário, mas em outro sentido muito real, Eliú está enganado. Como escreveu Philip Yancey: "Os capítulos [...] iniciais e finais de Jó provam que Deus foi profundamente afetado pela reação de um único mundo e pelo fato de questões cósmicas estarem em jogo."[20]

Yancey diz também que a "aposta" entre Deus e Satanás estabeleceu decisivamente que a fé de um único ser humano conta muito."[21]

Alegar o contrário significa cair na armadilha de Satanás e acreditar que nossas vidas e nossos atos não fazem nenhuma diferença. Satanás se alegra quando o representante de vendas cristão com problemas relacionados à pornografia liga a TV mais uma vez no canal para adultos quando está sozinho em seu quarto de hotel. O diabo regozija quando a mulher jovem, que se cansou de seu casamento, abraça seu marido pensando em outro homem. E ele esfrega suas mãos quando o executivo preenche sua declaração de renda, fazendo de conta que ele teve um ano mais difícil do que o ano próspero que ele desfrutou com sua família.

Se nossas vidas não fazem nenhuma diferença e se não podemos fazer nada por Deus, por que se importar? Quem se importa? Deus ama e perdoa. Somos todos humanos, e o Senhor compreenderá. Sempre podemos nos desculpar dizendo: "Se minha vida tivesse sido mais fácil, eu poderia ter feito escolhas melhores. Nunca imaginei que minha vida seria assim."

CADA ESCOLHA CERTA LEVA O CÉU A APLAUDIR

Quando era uma garotinha, minha história favorita era *Peter Pan*. Quando vi o filme pela primeira vez, as palavras de Peter Pan ficaram gravadas na minha mente: "Toda vez que uma criança diz: 'Eu não acredito em fadas', uma fada morre." Naquela noite, deitada na cama, fiquei repetindo: "Eu acredito em fadas, eu acredito em fadas. É claro que acredito em fadas. Meu cachorro acredita em fadas; meu gato acredita em fadas; minha mãe adora fadas."

Confesso que hoje já não acredito mais em fadas, mas acredito nisto:

> Toda vez que um cristão enfrenta tristeza, solidão, doenças ou dor e mesmo assim decide confiar e servir a Deus, um sino ressoa no céu, e os anjos exclamam em alegria. Por quê? Porque mais um peregrino demonstrou mais uma vez que ele ou ela entendeu que Jesus vale a pena. Deus é fiel.[2]

A vida pode ser dura — e muito injusta. Quando coisas ruins acontecem, muitas vezes perguntamos: "Posso confiar em Deus?" Mas talvez a pergunta certa seja: "Deus pode confiar em mim?" Ele pode confiar em nossa perseverança? Ele pode confiar que desejamos nos tornar cristãos maduros, ou permaneceremos crianças pequenas que acreditam em Deus apenas quando ele faz a vida valer a pena? Quando a vida parece ruir por nenhum motivo aparente, nós lembramos que Deus é fiel?

Se quisermos ser capazes de lidar com a vida mesmo quando ela parecer não fazer nenhum sentido, precisamos cair na real. Precisamos voltar nossos rostos para a direção certa e continuar caminhando. Às vezes, a estrada será longa e escura; as montanhas, altas demais. Visto que somos humanos, nem sempre faremos escolhas perfeitas. Às vezes, parecerá que estamos dando dois passos para a frente e um para trás, mas na verdade isso não importa. *Tudo que realmente importa é estar no caminho certo.*

Existe uma nova liderança emergente

Recentemente, estive passeando pelo shopping e comecei a folhear um livro novo que acabara de comprar. O livro me cativou tanto que quase atropelei a cadeirinha de rodas de uma garotinha que certamente não tinha mais de quatro anos de idade. Meu coração doeu quando olhei para aquela criancinha, e pensei: "Senhor, como queria ter uma fé do tamanho de uma semente de mostarda para olhar para essa garota e dizer: 'Em nome de Jesus Cristo de Nazaré, levanta-te e anda!'"

Como desejo ver o poder e a glória de Deus espalhados pelas vidas das pessoas em vez do caos e da destruição que costumamos encontrar. Acredito de todo coração que uma nova liderança cristã tem emergido durante a última década. Essas pessoas não são necessariamente as pessoas famosas cujos livros recebem críticas brilhantes. Não são necessariamente aquelas que lideram reuniões com multidões enormes que testemunham milagres e sinais. Mesmo assim, acredito que existe uma nova liderança emergente, porque existem pessoas batizadas com amor, pessoas cujos corações foram dilacerados, mas que agora cantam com Isaac Watts:

A Cristo, que conquistou para os pecadores graça
Por meio de amarga tristeza e angústia,
Seja o louvor de toda raça resgatada
Por toda a eternidade.[22]

Você percebe quando está na companhia daqueles que, como Ruth Glass, atravessaram águas profundas. Eles atravessaram o vale da sombra da morte, mas seguraram firmes na mão de Jesus durante toda a sua caminhada. E saíram do outro lado com uma luz mais brilhante, com um coração mais terno, com uma mão estendida aos outros.

Vemos devastação à nossa volta nas ruas dos Estados Unidos e no mundo inteiro. Vemos pessoas cujas vidas foram destruídas. Olhamos para as nações comunistas e vemos desilusão como resultado da queda dos regimes marxista-leninistas, deixando para trás um grande vazio.

O que preencherá esse vazio? Creio de todo coração que Deus batizará sua igreja com seu amor de forma que desejemos amar sem esperar nada em troca, de forma que diariamente nos apresentemos ao Rei dos reis e ao trono da graça e digamos:

"Senhor Jesus, não consigo sobreviver a outro dia sem ti. Meu amor simplesmente não basta. Quando vejo meu reflexo no espelho, fico perplexo porque conheço o valor que tu tens dado a minha vida. Sei que, por meio da cruz, tu proclamaste ao mundo inteiro que é isso que tu acreditas ser o meu valor. E eu ostento isso com orgulho, como um novo terno ou vestido. Quero caminhar hoje num mundo que se tornou amargo, levando comigo a tua mensagem para onde quer que eu vá e jamais me esquecendo de que uma vida — até mesmo a minha — pode fazer diferença, hoje e no futuro."

O Senhor me mostrou isso claramente quando conversei e orei com milhares de mulheres que participaram das conferências do Women of Faith.

Vendo o futuro

No início deste livro, mencionei nosso desejo de conhecer o futuro. Apresentei algumas razões pelas quais decidi que o mistério do futuro faz parte do plano de Deus. Uma última razão me veio à mente quando levei meu filho Christian à Escócia pela primeira vez. Ele tinha mais ou menos dois anos na época.

Minha mãe estivera sonhando e planejando nossa visita havia meses. Margaret, sua irmã, organizou uma grande festa de família. Dominic, o filho do meu irmão, tinha três anos de idade, e eu ainda não o conhecia. Nossas malas estavam lotadas com coisas norte--americanas que nós achávamos que ele iria gostar.

Tia Mary, a matriarca da nossa família, estava perseverando e lutando contra sua doença para conhecer o "cordeirinho" mais novo da família. Seria um Natal maravilhoso. Quando chegamos à casa da minha mãe, a árvore de Natal quase desaparecia sob o monte de presentes.

Mas Deus estava planejando algo especial para mim. Jamais esperava receber um presente tão pessoal dele, certamente não neste momento do ano. Como ele poderia me dar mais do que aquilo que celebramos no Natal? Como mãe, sei que não há nada mais precioso que um pai pode dar do que seu filho. Mas em minha vida como esposa, mãe, escritora, palestrante e cantora, uma mulher de 42 anos de idade, Deus reservou um tempinho para abrir um presente espiritual.

Ao me encontrar no solo escocês em que havia sido criada, senti-me como Jó. Senti-me como se estivesse completando um ciclo. A graça e a misericórdia que Deus havia derramado em minha vida de repente me tomaram de assalto.

Lembrei-me das lágrimas que eu derramei quando criança, sem entender por que eu tinha que ser a única garota da minha turma que não tinha pai. Lembrei-me dos anos da adolescência, como odiava meu corpo quando este começou a se desenvolver, como me senti envergonhada por causa do meu cabelo oleoso e minha pele feia. Lembrei-me dos anos em que trabalhei a mil por hora para Deus tentando impressioná-lo com minha devoção maníaca. Lembrei-me dos primeiros dias na ala psiquiátrica, sem esperança e totalmente perdida.

Agora, à beira do gélido mar de inverno, eu estava envolvida na coberta do amor de Deus. Diante dos meus olhos, corria como o vento meu pequeno pacotinho de graça e alegria de dois anos de idade, espantando as gaivotas. Do meu lado estava Barry, meu esposo maravilhoso, amável, divertido e gentil. Escondidos seguramente nas bolsas da minha alma estavam dois anos de vida compartilhada com mulheres do país inteiro e de testemunhos do brilho de Deus que transparece nas rupturas das nossas vidas, trazendo vida e esperança. Pareceu-me tão generoso receber esse presente em meu solo nativo. Fez-me querer ajoelhar-me e adorar.

Eu sabia que este momento não seria tão doce se eu tivesse conhecido o futuro ao longo do caminho. Pois a agonia dos momentos de desespero tornou este momento ainda mais milagroso e maravilhoso. O contraste era enorme! O momento brilhava tanto. Sim, Deus é fiel.

> Quando a estrada se torna bruta demais,
> Quando você está prestes a desistir,
> Quando você clama por amor,
> Deus é fiel.
>
> Quando você não consegue encontrar paz,
> Ele jamais o abandonará.
> Você escolheu terra firme.
> Deus é fiel.[23]

TREZE PONTOS DE VIRADA QUE TODOS NÓS ENFRENTAMOS

- Nada trago em minhas mãos; simplesmente agarro-me à tua cruz.

- Quando a vida deixa de fazer sentido, podemos desistir ou nos lembrar de quem Jesus realmente é e de que, por pior que seja a situação, ele vale a pena.

- Quando dúvidas e baixa autoestima nos paralisam, podemos desistir e aceitar essa imagem ofuscada, ou podemos nos lembrar de quem somos em Cristo.

- Quando a culpa preenche lugares secretos em nossas vidas, podemos permitir que ela nos paralise ou podemos permitir que Deus nos liberte.

- Quando as chamas dos problemas e da dor queimam nossa alma, podemos fugir e nos esconder do calor ou podemos ser sacrifícios vivos que permanecem no altar por amor a Deus.

- O serviço cristão é um substituto fraco para o próprio Jesus. Precisamos perguntar-nos: "Quero me esgotar fazendo coisas para Deus ou quero a melhor parte — ser seu amigo e conhecê-lo face a face?"

- Quando este mundo complexo e artificial tenta nos conformar a um padrão moderno e sofisticado, podemos ceder ao orgulho ou viver com humildade a simples verdade do evangelho.

- Quando Deus parece estar distante e nossas orações refletem no teto, podemos ceder ao desespero ou podemos continuar nossa jornada em direção ao céu em simples confiança.

- Quando nos sentimos cansados ou derrotados, podemos nos render à autocomiseração, ou podemos estender os braços e ajudar uns aos outros.

- Quando a vida é dura, podemos desistir ou podemos ir até o Senhor com nosso problema — e pacientemente esperar por sua resposta.

- Quando pessoas necessitadas cruzam nosso caminho, podemos demonstrar uma indiferença egoísta ou podemos tirar nossos olhos de nossas próprias necessidades e seguir Jesus amando os desprezados.

- Quando seus sonhos parecem desabar ou não se realizar, a falta de esperança pode dominar nossa vida — ou podemos continuar de mãos abertas, sabendo que temos esperança porque Deus é fiel.

- Quando estamos diante de uma escolha, grande ou pequena, podemos nos contentar com uma fé morna e diluída. Ou podemos ir atrás de algo autêntico, pois sabemos que uma vida faz diferença — agora e por toda a eternidade.

UM GUIA
DE ESTUDO

Bíblico

PARA ESTE LIVRO
E O DE JÓ

INTRODUÇÃO

Quando os tempos se tornam difíceis e tudo se volta contra nós, nosso impulso natural é perguntar: "Onde está Deus? Ele me protegerá? Posso confiar nele? Posso acreditar em suas promessas?"

Neste livro e guia de estudo, Sheila Walsh responde a essas perguntas com um "Sim!" ressoante.

A vida é dura, mas Deus é fiel acompanha você até o coração daqueles que descobriram como triunfar a despeito do sofrimento. Sheila oferece sabedorias do livro de Jó para identificar escolhas cruciais a partir de sua própria experiência e da experiência de muitos outros cristãos, que descobriram a fidelidade de Deus em meio a seus próprios problemas e sofrimentos.

O livro oferece uma visão encorajadora de quem Deus é e de como ele nos ama — e como ele deseja trabalhar conosco em nossas escolhas. Essa contemplação cordial das nossas atitudes em tempos difíceis é uma afirmação forte do amor, do poder e do perdão de Deus.

Sheila diz: "Uma fé não diluída é aquela que jamais esquece que uma vida faz diferença. Nossas escolhas sempre importam. [...] Quero caminhar hoje num mundo que se tornou amargo, levando comigo a tua mensagem para onde quer que eu vá e jamais me esquecendo de que uma vida — até mesmo a minha — pode fazer diferença, hoje e no futuro."

Muitas utilidades diferentes

Existem muitas maneiras de usar este material:

Estudo particular: Você descobrirá que o estudo pessoal pode ser muito compensador e produtivo.

Pequenos grupos de estudo semanal: A vantagem dessa abordagem é o maior tempo para o estudo e a reflexão entre as reuniões. Os estudos são organizados de tal forma que cada um deles trata de um capítulo do livro. A lição de casa para cada estudo é ler o capítulo seguinte.

Retiros: Calcule pelo menos oito a nove horas de tempo em grupo. Com uma noite de sexta-feira e um sábado, você pode se afastar de todas as distrações e se reunir com seus amigos num cenário muito produtivo.

Escola dominical: Você verá que este guia de estudos é perfeito para a escola dominical ou aula de estudos bíblicos para adultos.

Você pode usar este guia para seu estudo pessoal. Ou talvez você esteja liderando um grupo de estudos bíblicos, uma turma de escola dominical ou um retiro. Se for esse o caso, a Introdução para o facilitador a seguir lhe ajudará nessa tarefa.

Como cristãos, todos nós desejamos fortalecer nossa fé e adquirir um conhecimento mais profundo de Deus. Oramos para que este material de estudo lhe ajude a alcançar algumas dessas metas em sua jornada cristã.

INTRODUÇÃO PARA O FACILITADOR

sta introdução para o facilitador pretende servir como uma orientação. Você pode usá-lo seguindo-o ao pé da letra ou escolher um caminho um pouco diferente — a escolha é sua. O guia é de fácil utilização e lhe permite a flexibilidade de adaptá-lo às necessidades de seus alunos.

Perguntas de estudo: As respostas às perguntas no *Guia de estudo* são fornecidas no final de cada estudo.

SUGESTÕES PARA UM USO EFICAZ

Leia as passagens bíblicas antes: Já que isto é um estudo bíblico, recomendamos que você se familiarize com as passagens antes de cada estudo.

Tenha tudo à mão: Sempre tenha canetas e papel à mão. Cada pessoa do grupo deveria ter seu exemplar pessoal deste livro.

Seja fiel aos horários: Comece e termine a tempo. Evite atrasos evitando perguntas novas.

Envolva todos: Não permita que uma ou duas pessoas respondam a todas as perguntas. Caso necessário, incentive alunos específicos a participarem das discussões.

Não tenha medo do silêncio: Ao facilitador, alguns segundos de silêncio podem parecer uma eternidade. Não entre em pânico. Espere, e se ninguém responder à pergunta, reformule a pergunta ou dirija-se diretamente a um aluno específico. Evite responder às suas próprias perguntas.

Seja encorajador: Lembre-se, não existem perguntas ou respostas tolas. Seja encorajador, mesmo quando as respostas não são o que você espera. Comunique o quanto você aprecia cada resposta.

Ore: Ore pelos membros do grupo antes de cada estudo.

Façam um acordo de confidencialidade: Esperamos que seu grupo de estudo bíblico se transforme em um verdadeiro círculo de amigos. (Se o grupo já existe, a confiança entre os membros aumentará.) Para que esse relacionamento possa crescer, os membros precisam prometer que o que for discutido no grupo permaneça no grupo.

Reunião inicial

Sugerimos que vocês façam uma reunião inicial, durante a qual você pode entregar às participantes o exemplar do livro e encorajá-las a ler o primeiro capítulo antes do próximo estudo.

Essa reunião inicial de uma hora também pode ser usada para que as mulheres se apresentem umas às outras e comecem a orar juntas. Petiscos podem fornecer um ambiente amigável para a participação do grupo.

ESTUDO 1

PONTO DE VIRADA

Nada trago em minhas mãos; simplesmente agarro-me à tua cruz.

CAPÍTULO 1
O XIS DA QUESTÃO

Introdução: Em suas conferências do Women of Faith, Sheila conheceu muitas mulheres que compartilharam com ela suas histórias e como Deus operou em suas vidas. No entanto, muitas se perguntam por que Deus permitiu que sofressem. Perguntaram-se:

- *Se Deus me ama, por que meu filho morreu?*

- *Se Deus me ama, por que continuo solteira aos 43 anos de idade? Fiz de tudo para honrar Deus com minha vida, por que, então, continuo vivendo sozinha?*

- *Se Deus me ama, por que ele não curou o câncer do meu marido?*

1. Em algum momento você já fez uma pergunta como estas? Em algum momento, você já se perguntou: "Deus, se és tão bom, por que estou tendo tantas dificuldades?" Descreva esses momentos em sua vida:

2. Em algum momento, você já se perguntou se suas orações são respondidas?
_____. Por quê?

3. Em algum momento, você já se sentiu abandonado(a) por Deus? _____. Quando?

4. Em algum momento, você já ficou surpreso(a) por estar atravessando dificuldades, num momento em que você achava que estava fazendo tudo certo para Deus? _____. Como você reagiu?

5. Leia a seguinte passagem das Escrituras:

Na terra de Uz vivia um homem chamado Jó. Era homem íntegro e justo; temia a Deus e evitava fazer o mal. Tinha ele sete filhos e três filhas, e possuía sete mil ovelhas, três mil camelos, quinhentas juntas de boi e quinhentos jumentos, e tinha muita gente a seu serviço. Era o homem mais rico do oriente.

Seus filhos costumavam dar banquetes em casa, um de cada vez, e convidavam suas três irmãs para comerem e beberem com eles. Terminado um período de banquetes, Jó mandava chamá-los e fazia com que se purificassem. De madrugada ele oferecia um holocausto em favor de cada um deles, pois pensava: "Talvez os meus filhos tenham, lá no íntimo, pecado e amaldiçoado a Deus." Essa era a prática constante de Jó.

Certo dia os anjos vieram apresentar-se ao SENHOR, e Satanás também veio com eles. O SENHOR disse a Satanás: "De onde você veio?"

Satanás respondeu ao SENHOR: "De perambular pela terra e andar por ela."

Disse então o SENHOR a Satanás: "Reparou em meu servo Jó? Não há ninguém na terra como ele, irrepreensível, íntegro, homem que teme a Deus e evita o mal".

"Será que Jó não tem razões para temer a Deus?", respondeu Satanás. "Acaso não puseste uma cerca em volta dele, da família dele e de tudo o que ele possui? Tu mesmo tens abençoado tudo o que ele faz, de modo que os seus rebanhos estão espalhados por toda a terra. Mas estende a tua mão e fere tudo o que ele tem, e com certeza ele te amaldiçoará na tua face."

O SENHOR disse a Satanás: "Pois bem, tudo o que ele possui está nas suas mãos; apenas não toque nele".

Então Satanás saiu da presença do SENHOR.

Jó 1:1-12

6. Por que você acha que Deus permitiu que Satanás agisse na vida de Jó, que era servo de Deus?

7. Alguma vez você já se sentiu como se Deus o(a) tivesse entregado ao sofrimento? Descreva este momento:

8. Se o propósito de Deus para as nossas vidas nesta terra não é paz e descanso, então qual é?

Respostas às perguntas:

Pergunta 1: Deus tinha algo importante a ensinar a Jó. Uma razão pela qual Deus permite que seus filhos sofram é para produzir frutos. Se permitirmos que o sofrimento cumpra seu propósito, ele pode gerar paciência (Hebreus 10:36; Tiago 1:3), alegria (Salmos 30:5; Salmos 126:6), conhecimento (Salmos 94:12) e maturidade (1Pedro 5:10).

Pergunta 8: Tornar-nos mais semelhantes a ele.

Tarefa de casa:

Leia o capítulo 2.

ESTUDO 2

PONTO DE VIRADA

Quando a vida deixa de fazer sentido, podemos desistir ou nos lembrar de quem Jesus realmente é e de que, por pior que seja a situação, ele vale a pena tudo isso.

CAPÍTULO 2
NÃO ERA PARA SER ASSIM

Aos 14 anos, ele estava vivendo nas ruas. Não tinha nome, família, ninguém que se importasse se ele estava vivo ou morto. Dormia embaixo de uma ponte, vendia latas e garrafas para se sustentar. Continuou frequentando a escola e lavava sua única muda de roupas no rio. À noite, sentava-se sob a lâmpada de um supermercado para fazer seus deveres de casa. Estava determinado a não ser um perdedor.

Mas durante muitas noites geladas, ele levantava seu rosto para o céu e perguntava a Deus: "Por quê?" Estava exigindo demais pedindo uma cama? Um amigo? Alguém que lhe desejasse um boa-noite? Na solidão daquela noite, ele sabia que não era para ser assim.

ESTUDO BÍBLICO

1. Se algumas pessoas acham difícil acreditar que "a vida é dura, mas Deus é fiel", no que então elas acreditam?

2. O que a Sheila fez durante a luta de Eleanor contra o câncer?

3. Quando coisas ruins acontecem em sua vida, você se pergunta: "Deus está com raiva de mim?" ou "Eu fiz algo errado?" Dê um exemplo.

4. Como é que você pessoalmente responde a difícil pergunta "Deus está com raiva de mim?"

5. Leia a seguinte passagem nas Escrituras:

Num outro dia os anjos vieram apresentar-se ao Senhor, e Satanás também veio com eles para apresentar-se.
E o Senhor disse a Satanás: "De onde você vem?"
Satanás respondeu ao Senhor: "De perambular pela terra e andar por ela."
Disse então o Senhor a Satanás: "Reparou em meu servo Jó? Não há ninguém na terra como ele, irrepreensível, íntegro, homem que teme a Deus e evita o mal. Ele se mantém íntegro, apesar de você me haver instigado contra ele para arruiná-lo sem motivo."
"Pele por pele!" respondeu Satanás. "Um homem dará tudo o que tem por sua vida. Estende a tua mão e fere a sua carne e os seus ossos, e com certeza ele te amaldiçoará na tua face."
O Senhor disse a Satanás: "Pois bem, ele está nas suas mãos; apenas poupe a vida dele."

Jó 2:1-6

6. Por que Deus permitiu que Satanás atacasse Jó mais uma vez?

7. Sua experiência tem sido semelhante ao antigo provérbio que diz: "Uma desgraça nunca vem só"? _____

8. Por que tendemos a pensar que, se acreditarmos em Deus, nossa vida sempre será indolor?

RESPOSTAS:

Pergunta 1: Muitos pensam em Deus de acordo com suas circunstâncias atuais. Acreditam que, se a vida é dura, Deus está sendo infiel. (Ou se a vida estiver correndo bem, que Deus é fiel.)

Mas Darrell Gilyard não caiu na armadilha dessa crença equivocada. Enquanto lutava para sobreviver, Jesus era a única coisa que lhe restava. Decidiu que precisava deixar de olhar para as circunstâncias e focar no Senhor. O tempo passou, e nada mudou. Apesar de Darrell ter sido objeto de zombaria e de ridicularização, sua perspectiva sobre a vida mudou, e ele experimentou uma grande paz e satisfação.

Pergunta 2: Por que Deus não a curou?

Pergunta 6: Outra razão pela qual Deus permite o sofrimento é para silenciar o Diabo. Satanás acusou Jó de servir a Deus apenas por causa das bênçãos materiais que isso lhe trazia. Mas o Senhor permitiu que Satanás atormentasse Jó para demonstrar que seu servo amava a Deus por quem ele era, não por aquilo que podia receber dele.

SUGESTÕES PARA O FACILITADOR

Peça que o grupo leia o capítulo 2 do livro de Jó, que apresenta os amigos dele.

Peça aos membros do grupo que façam uma lista das coisas que acreditam fazer com que Deus os ame e traga a lista para o próximo encontro.

TAREFA DE CASA:

Leia o capítulo 3.

ESTUDO 3

PONTO DE VIRADA

Quando dúvidas e uma autoestima baixa nos paralisam, podemos desistir e aceitar essa imagem ofuscada, ou podemos nos lembrar de quem somos em Cristo.

CAPÍTULO 3
IMAGENS OFUSCADAS

Introdução: O pai de Sheila sofreu uma trombose cerebral e nunca recuperou a sanidade completamente. Às vezes, sofria "ataques cerebrais" que o deixavam enfurecido e lhe davam a força de três homens. Certo dia, quando Sheila tinha quatro anos de idade, seu pai se aproximou dela com um olhar estranho. Ele levantou sua bengala, e naquele momento Sheila soube que ele iria bater nela. Rapidamente, ela puxou a bengala, ele perdeu o equilíbrio e caiu. Ele ficou deitado no chão grunhindo, e Sheila tinha certeza que a culpa era dela.

Quando cresceu, Sheila sentiu que Deus a culpava por isso; acreditava que ele não podia amá-la.

1. Deus realmente parou de amar Sheila ou Jó? _____. Você tem dificuldades para acreditar que Deus ainda o(a) ama, independentemente do que você possa fazer? _____

2. Como você lida com essas dúvidas?

> *Durante muitos anos, Sheila não conseguia orar a Deus como seu Pai. Ela confessa: "Ainda estava tentando enterrar a tragédia do meu pai no fundo do meu ser. Eu apaguei aquela noite terrível em que levaram meu pai e a substituí por uma fantasia própria: Meu pai e eu estávamos caminhando na praia e, de repente, ele foi "levado para casa". Sem dor, sem gritos, sem medo."*

3. Conselheiros acreditam que muitas vezes a nossa imagem de Deus pode ser prejudicada pelo nosso relacionamento com o nosso próprio pai. Você tenta evitar chamar Deus de "Pai" quando ora? _____. Por quê?

4. Seu relacionamento com seu pai afeta seu relacionamento com Deus? _____. Por quê?

5. Seu relacionamento com seus pais afeta sua autoestima? _____.
Como?

6. Leia a seguinte passagem bíblica:

Tu criaste o íntimo do meu ser
e me teceste no ventre de minha mãe.

Eu te louvo porque me fizeste de modo especial e admirável.
Tuas obras são maravilhosas!
Disso tenho plena certeza.

Salmos 139:13-14

7. Visto que você foi feito(a) de modo especial e admirável por Deus, o que essa verdade significa para o seu valor como pessoa?

8. Reflita por alguns minutos e crie um filme em sua mente sobre sua própria vida. Agora, liste as imagens que vieram à sua mente para este filme.

9. Por que estes momentos foram tão importantes em sua vida ao ponto de sua mente se lembrar deles?

10. Qual é claramente o momento ou evento mais importante?

ESTUDO 3

11. Agora, anote o que você acha que Deus vê quando ele contempla sua vida.

12. Existem diferenças entre suas respostas às perguntas 10 e 11? ____. Por quê?

13. Quais são os momentos de decepção ou erros em seu filme? Anote-os abaixo.

14. Você acredita que Deus o ama, a despeito de seus erros? _____. Qualquer que seja a sua resposta, contemple estas palavras de inspiração que Sheila mencionou no capítulo 2 e que têm sido tão importantes ao longo dos anos:

> *Reúna todo o amor mais meigo que você conhece,*
> *O amor mais profundo que já sentiu*
> *E o amor mais forte que já foi derramado sobre você,*
> *E acrescente a ele todo o amor de todos os corações humanos do mundo,*
>
> *E então multiplique isso pela infinidade,*
> *E então, talvez, você começará*
> *A vislumbrar o amor que Deus tem por você.*
>
> *Hannah Whitall Smith*

15. Escreva uma carta a Deus. Expresse como você se sente e onde você se encontra em sua vida. Lembre-se, isso é entre você e Deus — você não precisa compartilhar esta carta com ninguém. Então, seja completamente aberto(a) e sincero(a).

TAREFA DE CASA:

Leia o capítulo 4.

ESTUDO 4

PONTO DE VIRADA
Quando a culpa ocupa lugares secretos em nossas vidas, podemos permitir que ela nos paralise ou podemos permitir que Deus nos liberte.

CAPÍTULO 4
NENHUM LUGAR OCULTO

Introdução: Durante a adolescência e seus anos de faculdade, Sheila se sentiu culpada. Perguntou-se: Eu era responsável por sua morte? Eu o levei a me odiar? Eu nunca tive certeza, e a melhor maneira de lidar com o amadurecimento era reprimir tudo dentro de mim.

1. O que você reprimiu e escondeu num lugar secreto dentro de você?

2. Quando Sheila se lembrou de seus anos de faculdade, ela viu que parte de sua motivação para servir a Deus era provar a Deus que ela merecia seu amor. Você também se motiva dessa forma? _____. Como?

3. Então, durante um culto, o pastor falou sobre Isaías 43:18-19:

Esqueçam o que se foi;
não vivam no passado.
Vejam, estou fazendo uma coisa nova!
Ela já está surgindo!
Vocês não o percebem?

Os versículos 18 e 19 ficaram gravados em sua mente. Mais tarde, quando orou com uma amiga, ela percebeu que ela raramente chamava Deus de "Pai" (foi a primeira vez que ela se deu conta disso). Agora, ela entendia por quê. A dor causada pela morte do pai havia sido insuportável, e ela não queria vincular Deus a isso.

Leia estes versículos sobre Deus como Pai e reivindique-os para si: Romanos 8:15-17 e 2Coríntios 6:18.

No dia seguinte, Sheila voltou para casa para ver sua mãe. Juntas, elas relembraram aqueles anos difíceis da doença do pai de Sheila. Aquele fim de semana de lembranças transformou sua memória. "O medo e a culpa que haviam me corroído desde os quatro anos de idade estavam começando a ser retirados. Entendi que o que havia acontecido com meu pai não era culpa dele — e certamente não foi minha. Finalmente entendi que puxar sua bengala e causar sua queda não era um pecado imperdoável, mas apenas o ato de uma pequena menina aterrorizada que não entendia o que estava acontecendo com seu pai."

4. Ore agora a Deus como seu Pai. Imagine-o no centro daquele lugar secreto e sinta como ele restaura aqueles momentos.

5. Leia a história da mulher samaritana em João 4:1-26. Em que você se parece com ela?

6. Jesus revelou o segredo oculto daquela mulher. Mas suas palavras compassivas também a levaram a entender que ela não precisava mais fugir. Ele sabia de tudo, mesmo assim a amava. Você está disposta a ser liberta pela luz curadora do amor de Deus?

SUGESTÕES PARA O FACILITADOR

Este estudo é sobre segredos ocultos. Você pode pedir ao grupo que reflita sobre os segredos escondidos em suas vidas.

TAREFA DE CASA:

Leia o capítulo 5.

ESTUDO 5

PONTO DE VIRADA

Quando as chamas dos problemas e da dor queimam nossas almas, podemos fugir e nos esconder do calor ou podemos ser sacrifícios vivos que permanecem no altar por amor a Deus.

CAPÍTULO 5
SACRIFÍCIOS VIVOS NÃO FOGEM NA SURDINA

Introdução: Quando Sheila conheceu Joni Eareckson Tada, ela não entendeu como Joni podia estar feliz confinada a uma cadeira de rodas. Então, um dia após uma conferência, Joni compartilhou que estava numa situação melhor do que Sheila — apesar de estar paralisada. Sheila não entendeu. Joni explicou: Ela jamais podia esquecer que era deficiente. No entanto, o fato de que Joni continua sentindo dores em seu pescoço levou Sheila a questionar Deus — como Deus podia permitir que Joni sofresse mais ainda? Ela pediu que Deus lhe mostrasse uma passagem — e ele lhe deu 1Pedro 1:6-9:

Nisso vocês exultam, ainda que agora, por um pouco de tempo, devam ser entristecidos por todo tipo de provação. Assim acontece para que fique comprovado que a fé que vocês têm, muito mais valiosa do que o ouro que perece, mesmo que refinado pelo fogo, é genuína e resultará em louvor, glória e honra, quando Jesus Cristo for revelado. Mesmo não o tendo visto, vocês o amam; e apesar de não o verem agora, creem nele e exultam com alegria indizível e gloriosa, pois vocês estão alcançando o alvo da sua fé, a salvação das suas almas.

1. Que verdade eterna Sheila aprendeu com o sofrimento de Joni e 1Pedro 1:6-9?

2. Alguma vez você já sentiu raiva de Deus durante tempos difíceis? Explique a sua experiência.

3. Leia a seguinte passagem das Escrituras:

Portanto, irmãos, rogo-lhes pelas misericórdias de Deus que se ofereçam em sacrifício vivo, santo e agradável a Deus; este é o culto racional de vocês.

Romanos 12:1

O que é único num sacrifício vivo?

Sheila confessa: "Quanto mais caminho com o Senhor, mais eu compreendo que cada dia da minha vida, pelo resto da minha caminhada na Terra, posso escolher entre ficar no altar ou fugir dele. Quando o calor aumenta, posso fugir e dizer: 'Bem, não era isso que eu tinha em mente quando me alistei. Achei que isso me daria prazer. Acreditei que todas as minhas orações fossem respondidas, mas parece que Deus é surdo para as minhas súplicas.'"

4. Você se lembra de algum momento em que você colocou certas áreas de sua vida no altar, apenas para retirá-las novamente? _____. Explique.

ESTUDO BÍBLICO

5. Por que é tão difícil manter a nossa vida no altar? É uma questão de confiar em Deus? O que você acha?

6. Durante provações e sofrimentos, você acha difícil olhar para além do presente e para o futuro? _____. Anote algumas ideias práticas para ajudá-lo a se lembrar dessas verdades em momentos futuros de sofrimento.

7. _____ é definitivamente um professor melhor do que todos os nossos momentos de alegria. Somos mudados _____ por meio _____.

RESPOSTAS ÀS PERGUNTAS

Pergunta 1: Nossa recompensa não é aqui na terra, mas no céu.

Pergunta 3: Um sacrifício vivo sempre quer fugir do altar.

Pergunta 7: O sofrimento é definitivamente um professor melhor do que todos os nossos momentos de alegria. Somos mudados eternamente por meio do sofrimento.

ESTUDO 6

PONTO DE VIRADA

O serviço cristão é um substituto fraco para o próprio Jesus. Precisamos perguntar-nos: "Quero me esgotar fazendo coisas para Deus ou quero a melhor parte — ser seu amigo e conhecê-lo face a face?"

CAPÍTULO 6
SEJA UM AMIGO DE DEUS, E NÃO APENAS UM SERVO

Introdução: Anos atrás Sheila trabalhou para a BBC e ficou frustrada por não ser capaz de expressar o seu coração no programa, então decidiu fazer uma turnê e espalhar o evangelho pessoalmente. No entanto, uma semana antes da turnê começar, Sheila perdeu a voz. Ela orou e foi ao médico — mas sua voz ficou ainda pior. Ela foi ver um especialista e descobriu que tinha nódulos em suas cordas vocais, que a impediram de falar durante um mês — e, talvez, impedissem de voltar a cantar novamente. A turnê foi cancelada. "Por que isso aconteceu?" ela perguntou a Deus.

1. Qual foi a mensagem importante que Deus ensinou ao coração de Sheila durante essa provação?

2. Descreva com suas próprias palavras o que você acha ser um amigo de Deus.

3. Anote maneiras práticas de ser um amigo de Deus em seu dia a dia.

4. Todos nós sabemos que Deus se alegra quando nossa fé se manifesta por meio de boas obras. Mas com que mais Deus também se importa muito?

5. Avalie e anote algumas coisas que você acha que Deus realmente adora em você.

6. Anote maneiras práticas de como passar mais tempo com Deus.

RESPOSTAS ÀS PERGUNTAS

Pergunta 1: Deus tem muitos servos, mas poucos amigos.

Pergunta 4: Deus se importa muito conosco e com nosso relacionamento com ele.

TAREFA DE CASA

Leia o capítulo 7.

ESTUDO 7

PONTO DE VIRADA
Quando este mundo complexo e artificial tenta nos conformar a um padrão moderno e sofisticado, podemos ceder ao orgulho ou viver com humildade a simples verdade do evangelho.

CAPÍTULO 7
A SIMPLICIDADE AJUDA A MANTER OS PÉS NO CHÃO

Introdução: Sheila foi profundamente afetada pelo escândalo da PTL e pela reação dos cristãos. "Por que somos tão cruéis uns com os outros?" ela se perguntou. "Por que batemos com tanta força quando alguém cai?"

Ela sabia que era necessário lidar com o pecado, mas ficou decepcionada com os espectadores que acreditavam facilmente no pior ao invés de agarrar-se ao melhor. E muito antes do escândalo da PTL, ela sentiu que o Senhor estava lidando gentilmente com seu próprio excesso de autoconfiança. Ela sentiu fortemente:

Poderia ter sido eu.

ESTUDO BÍBLICO

Eu poderia ter sido aquele que perdeu o equilíbrio e caiu.
Poderia ter sido eu,
Aquele que se orgulha tanto de sempre permanecer firme.
Pois a não ser que o Senhor me segure, e eu me segure nele,
Amanhã, quem pode estar nas notícias sou eu...

Sheila Walsh, "It Could Have Been Me", copyright 1990, Word Music. Citação autorizada.

1. Poderia ter sido você? _____. Às vezes, você tende a se orgulhar de suas conquistas ou de sua espiritualidade? _____. Quando?

2. Os apóstolos também tinham dificuldades de lidar com seu orgulho. Pense, por exemplo, em Tiago e João, que perguntaram a Jesus se poderiam sentar-se à sua direita e esquerda no céu (Marcos 10:35-45). Mas a história mostrou que eles não foram capazes de perseverar quando Jesus perseverou. Como você pode evitar o orgulho, que muitos dizem ser o maior pecado de todos?

3. Sheila também se tornou culpada desse pecado. Ela foi capaz de servir Cindy, uma adolescente com leucemia, mas três semanas depois, quando Jennifer, uma jovem mulher que sofria de bulimia e depressão, ligou, Sheila hesitou e tentou encerrar a ligação rapidamente (veja as páginas 92-99). O que ela aprendeu com essa lição?

4. Como você pode aplicar isso à sua própria vida?

5. O apóstolo Pedro também caiu na mentira de Satanás: "Você não é igual aos outros. Você é forte. Isso nunca acontecerá com você." Leia Mateus 26, versículos 31-35 e os versículos 69-75 sobre o fracasso dele.

6. O que aconteceu com Pedro após a ressurreição de Jesus? Leia João 21:1-19.

RESPOSTAS ÀS PERGUNTAS

Pergunta 2: Faça uma avaliação sincera de suas fraquezas e qualidades. Reconheça que você não consegue perseverar sem Jesus.

Pergunta 3: Ela aprendeu que é humana; ela não podia ajudar a todos. Mas podia permitir que Deus lhe mostrasse um espelho para que reconhecesse a dura realidade de quem ela é. Se ela tivesse sido sincera e tivesse dito à sua secretária: "Estou cansada e ainda preciso fazer algumas coisas antes de ir para casa. Você pode passar a ligação para um dos nossos conselheiros?" ela não teria passado por essa situação. Ou se tivesse dito: "Senhor, não quero fazer essa ligação. Quero ir para casa, mas alguém precisa da minha ajuda, por isso, preciso da sua. Por favor, dá-me o teu amor e me ajuda a comunicar isso."

Pergunta 6: A despeito do fracasso de Pedro, Jesus lhe deu outra chance, assim como ele faz também comigo e com você. E ele deu a Pedro até uma responsabilidade ainda maior: "Cuide das minhas ovelhas."

TAREFA DE CASA

Leia o capítulo 8.

ESTUDO 8

PONTO DE VIRADA

Quando Deus parece estar distante e nossas orações refletem no teto, podemos ceder ao desespero ou podemos continuar nossa jornada em direção ao céu em simples confiança.

CAPÍTULO 8
QUANDO TODO O CÉU SE CALA

Introdução: Sheila compartilha sua experiência com Debbie, uma jovem mulher com esclerose múltipla, que frequentemente assistia ao programa da PTL. Às vezes, porém, Debbie ficava frustrada com o programa, porque as pessoas sempre falavam de cura, mas nunca falavam sobre a morte. Debbie orou por cura, mas a cura nunca veio.

ESTUDO BÍBLICO

1. O que Sheila aprendeu com o sofrimento dessa mulher?

2. Você consegue se identificar com a resposta de Debbie? _____.
Explique.

3. Por que você acha que as pessoas se sentem mais próximas de Deus em tempos de sofrimento?

4. Muitas pessoas não são curadas, mesmo quando oram por uma cura, como Debbie fez. Jó não foi curado. Veja sua oração em Jó 30:20-23:

Clamo a ti, ó Deus,
mas não respondes;
fico de pé,
mas apenas olhas para mim.
Contra mim te voltas com dureza
e me atacas com a força de tua mão.
Tu me apanhas e me levas contra o vento,
e me jogas de um lado a outro na tempestade.
Sei que me farás descer até a morte,
ao lugar destinado a todos os viventes.

ESTUDO BÍBLICO

5. A vida de Jó estava destruída. Ele não podia entender por que o céu permanecia em silêncio. Deus não ofereceu nenhuma _____ para o seu sofrimento.

6. Por que você acha que, às vezes, Deus se cala em tempos de sofrimento?

7. Descreva a importância da oração em sua vida.

8. Dê uma nota para a sua vida de oração numa escala de 1 a 10:

9. Anote as razões pelas quais você deu essa nota à sua vida de oração:

RESPOSTAS ÀS PERGUNTAS

Pergunta 1: Quando Debbie mais sofria, ela se sentia mais próxima de Deus.

Pergunta 5: Deus não ofereceu nenhuma explicação para o seu sofrimento.

Pergunta 6: Deus pode usar o sofrimento para aprofundar nossa jornada com ele.

ESTUDO 9

PONTO DE VIRADA

Quando nos sentimos cansados ou derrotados, podemos nos render à autocomiseração, ou podemos estender os braços e ajudar uns aos outros.

CAPÍTULO 9
UM CÍRCULO DE AMIGOS

Introdução: Sheila tinha um amigo que decidiu participar dos Alcoólicos Anônimos após lutar sozinho durante muito tempo sem chegar a lugar algum. No entanto, após participar da primeira reunião, ele descreveu sua experiência para ela: "Levantei, disse-lhes meu nome, contei-lhes que tinha um problema, e eles me entenderam e aceitaram. A sala estava cheia de pessoas conscientes de que não conseguiriam resolver seus problemas sozinhas. Precisávamos uns dos outros. (...) Pela primeira vez na minha vida percebi o que a igreja poderia ser."

Sheila diz que o mundo não está à procura de cristãos perfeitos. O mundo está à procura de pessoas autênticas que reconheçam seus erros e compartilhem seus problemas uns com os outros.

1. Quando escondemos nossos pecados e encobrimos nossas fraquezas, quando fingimos ser super-homens e supermulheres cristãos, vivemos em negação — "a verdade não está em nós". E nós nos isolamos uns dos outros e de Deus.

Alguma vez, você já se sentiu livre o bastante para confessar seus pecados a outro cristão? _____. Jó certamente se sentiu assim. Ele confessou a Deus na presença de seus amigos:

> *Meus ouvidos já tinham ouvido a teu respeito,*
> *mas agora os meus olhos te viram.*
> *Por isso menosprezo a mim mesmo*
> *e me arrependo no pó e na cinza*

Jó 42:5-6

2. Você faz parte de um grupo (um círculo de amigos) que permite que você compartilhe seus problemas e suas fraquezas com ele? _____. Se isso não for o caso, onde você poderia encontrar um grupo assim? Ou como os membros do seu grupo de estudo atual poderiam se abrir mais uns com os outros?

3. O exemplo para o nosso relacionamento uns com os outros é o relacionamento de Jesus com seus discípulos na Última Ceia. Leia João 13:1-17. O que você acha que o Senhor nos chama a fazer nessa passagem?

4. O que você pode fazer nos próximos dias para ajudar outra pessoa?

5. Quando o pai de Sheila morreu, sua doença havia alterado tanto a sua personalidade que Sheila achou que ele não a amava. Ela decidiu não perder o amor de Deus da mesma forma como havia perdido o amor do seu pai. Assim, tentou ser a cristã perfeita. Ela seguiu um caminho estreito como criança, frequentou o seminário para aprender como agradar a Deus e preservar seu amor e coapresentou o *700 Club*. Mesmo assim, caiu em depressão.

O que Sheila aprendeu nas profundezas da sua depressão?

6. Que lições da experiência da Sheila você pode aplicar à sua própria vida?

7. Em 1992, Sheila sofreu um colapso e foi internada num hospital psiquiátrico. Ela entrou em pânico porque seu pai havia morrido num hospital psiquiátrico. O psiquiatra perguntou à Sheila: "Quem é você?" Sheila levou algum tempo para responder à pergunta...

Que lição importante Deus mostrou a Sheila no hospital?

8. Que lição Deus ensinou a Jó?

RESPOSTAS ÀS PERGUNTAS

Pergunta 2: Unindo-se a um grupo pequeno na igreja.

Pergunta 3: Alguns cristãos se sentem chamados para lavar os pés de outros cristãos como maneira de demonstrar amor. Mas nem todos são assim. Alguns mostram seu amor servindo suas irmãs e seus irmãos em Cristo.

Pergunta 5: Sheila percebeu que Deus não queria apenas que ela sobrevivesse. Ele queria que ela tivesse uma vida plena.

Pergunta 7: Todas as outras identidades são passageiras e não importantes em relação à nossa identidade em Deus.

Pergunta 8: Deus amava Jó por aquilo que ele era.

TAREFA DE CASA

Leia o capítulo 10.

ESTUDO 10

PONTO DE VIRADA

Quando a vida é dura, podemos desistir ou podemos ir até o Senhor com nosso problema — e pacientemente esperar por sua resposta.

CAPÍTULO 10
O CÉU REALMENTE SE CALA?

Introdução: Certo domingo, quando Sheila estava no hospital, ela foi à igreja com uma das enfermeiras. O pastor disse: "Alguns de vocês se sentem como mortos em seu interior. Cristo está aqui com todo seu poder da ressurreição. Basta você pedir a ele, e ele estenderá sua mão e o tirará dali."

Sheila sentiu o desejo de ir até o altar. Ela disse: "Pela primeira vez vim a Deus de mãos vazias. Antes, sempre havia vindo com um livro novo ou um álbum novo ou alguma coisa nova que eu fizera para fazer com que Deus me amasse. Finalmente, desisti."

ESTUDO BÍBLICO

1. Alguma vez você já entregou a Deus o controle total dessa forma? _____. O que o impede?

2. Jó finalmente entregou o controle de sua vida a Deus. Ele reconheceu: "Sou indigno; como posso responder-te? Ponho a mão sobre a minha boca. Falei uma vez, mas não tenho resposta; sim, duas vezes, mas não direi mais nada."

Depois, continuou: "Sei que podes fazer todas as coisas; nenhum dos teus planos pode ser frustrado. Tu perguntaste: 'Quem é esse que obscurece o meu conselho sem conhecimento?' Certo é que falei de coisas que eu não entendia, coisas tão maravilhosas que eu não poderia saber" (Jó 40:4-5; 42:2-3).

Você pode dizer a mesma coisa a Deus neste momento? _____. Escreva sua confissão no espaço abaixo:

3. Então, Jó precisou perdoar aos seus três amigos — Elifaz, Bildade e Zofar. Você realmente perdoou àqueles que o prejudicaram? _____. Por quê?

4. Faça uma lista das pessoas às quais você precisa perdoar:

5. Ore para que Deus lhe ajude a perdoá-las.

6. Escreva uma carta a uma pessoa à qual você está perdoando, assim como Sheila também o fez. Você pode mandar a carta para essa pessoa, mas isso não é necessário, contanto que você sinta perdão verdadeiro em seu coração.

ESTUDO 11

PONTO DE VIRADA

Quando pessoas necessitadas cruzam nosso caminho, podemos demonstrar uma indiferença egoísta ou podemos tirar nossos olhos de nossas próprias necessidades e seguir Jesus amando os desprezados.

CAPÍTULO 11
DEUS NOS DEIXOU UMA TAREFA

Introdução: Em janeiro de 1988, Sheila foi para Manila para filmar um documentário de TV sobre o trabalho da Compassion International, uma agência cristã de patrocínio. No final deste período, ela decidiu patrocinar Belinda, e alguém sugeriu que ela conhecesse a família dela. O lar da criança (um barraco de um quarto ocupado por sua mãe e seus nove irmãos) fora construído sobre um pântano, e o mau cheiro dos esgotos a céu aberto era quase insuportável.

No entanto, o amor naquela casa surpreendeu Sheila. Ela realmente sentiu o que a mãe de Belinda disse: "A presença do Senhor preenche a minha casa, e sua glória está conosco."

1. Você alguma vez já demonstrou compaixão da forma como Sheila o fez naquele dia? _____. Quando?

2. E quanto aos três amigos de Jó? Eles demonstraram compaixão a Jó? _____. Aquilo que eles fizeram foi errado? Leia os comentários de Elifaz em Jó capítulo 4. Leia os comentários de Bildade em Jó capítulo 8. E então leia os comentários de Zofar em Jó capítulo 11.

3. Você pretende evitar esses erros quando encontrar anjos com rostos sujos ou amigos que precisarem de ajuda?
_____.

4. Se os amigos de Jó não demonstraram compaixão, o que, então, é compaixão?

5. Como Jó respondeu a essa pergunta? (Veja Jó 16:5.)

6. Existe alguém em sua igreja ou vizinhança que precisa da sua compaixão? Anote algumas possibilidades no espaço abaixo e escreva também o que você pode fazer para cada uma dessas pessoas.

7. Você está pronta para dizer a oração de Inácio de Loyola? Leia em voz alta.

> Ensina-nos, bom Senhor, a servir como desejas;
> A dar e não calcular o custo;
> A lutar e não prestar atenção às feridas;
> A labutar e não buscar o descanso;
> A trabalhar e não pedir recompensa;
> A não ser saber que estamos fazendo a tua vontade.

RESPOSTAS ÀS PERGUNTAS

Pergunta 2: Em vez de consolarem Jó, eles trouxeram condenação e a acusação que ouvimos até hoje: "Deus está castigando você pelos seus pecados." Para mais informações sobre a reação dos amigos, releia as páginas 165-167.

Pergunta 4: Compaixão significa, segundo um dicionário, demonstrar empatia, misericórdia, simpatia, gentileza e preocupação. Jó o expressou da seguinte maneira: "Eu falaria de forma que lhes ajudaria." O que Jó estava dizendo era: "Se eu fosse seu amigo, eu choraria com você, eu o abraçaria ou seguraria." Ele nos mostraria o amor de Deus e nos ajudaria durante o processo de luto.

TAREFA DE CASA

Leia o capítulo 12.

ESTUDO 12

PONTO DE VIRADA

Quando seus sonhos parecem desabar ou não se realizarem, a falta de esperança pode dominar nossa vida — ou podemos continuar de mãos abertas, sabendo que temos esperança porque Deus é fiel

---

CAPÍTULO 12
EXISTE UMA CANÇÃO MELHOR PARA CANTAR

*I*ntrodução: O filme *Magnólias de aço é baseado na história verídica de Pat Robinson e sua esposa, Susan. Pat decidiu que a doença de Susan era um teste de Deus, e ele não iria falhar. Ele acreditava que Deus iria curar dramaticamente sua esposa como testemunho para todos ao seu redor. Mas Susan não foi curada. Nem mesmo em seu funeral, Pat conseguia acreditar que Deus não ouvira sua oração.*

Na sua solidão, ele leu a Bíblia, e mantendo sua mente na Palavra de Deus e nas promessas que leu, a paz começou a expulsar o seu desespero. Ele leu: "Tu guardarás em perfeita paz aquele cujo propósito está firme, porque em ti confia" (Isaías 26:3).

ESTUDO BÍBLICO

1. O que "paz perfeita" significa para você?

2. Qual é a definição bíblica da paz em Isaías 26:3?

3. Qual é o significado da expressão "aquele cujo propósito está firme"?

4. Mesmo que nós não escolhêssemos o sofrimento, ele transforma nossa _____ da vida e nosso _____ de Deus.

5. Qual é a condição de Jó no final de seu livro?

Espiritualmente?

Materialmente?

6. A história de Jó trata de um homem que viu _____ _____.

Respostas às perguntas

Pergunta 2: *Paz perfeita* é uma tradução do hebraico *shalom*, e significa *satisfação, abundância, bem-estar, segurança*.

Pergunta 3: A expressão "aquele cujo propósito está firme" provém de duas palavras hebraicas: a primeira significa "vontade, imaginação"; a segunda, "dependente, apoiado, firme". Quando nossa vontade e imaginação dependem de Deus, quando decidimos voltar nossos pensamentos para ele, encontramos a simples verdade de que Deus basta.

Pergunta 4: Mesmo que nós não escolhêssemos o sofrimento, ele transforma nossa visão da vida e nosso conhecimento de Deus.

Pergunta 5: Espiritualmente — Jó se entregou completamente a Deus e viveu em paz. Ele viu Deus e o conheceu de forma mais íntima.

Materialmente — Jó tinha agora 14 mil ovelhas, seis mil camelos, mil jugos de boi e mil jumentas; o dobro daquilo que possuíra no início. Ele tinha agora também sete filhos e três filhas, o mesmo número de filhos que possuíra no início, mas os primeiros sete filhos e três filhas estavam com Deus no céu, portanto, o número de seus filhos dobrou.

Pergunta 6: A história de Jó trata de um homem que viu a glória do Senhor.

TAREFA DE CASA

Leia o capítulo 13.

ESTUDO 13

PONTO DE VIRADA

Quando estamos diante de uma escolha, grande ou pequena, podemos nos contentar com uma fé morna e diluída. Ou podemos ir atrás de algo autêntico, pois sabemos que uma vida faz diferença — agora e por toda a eternidade.

CAPÍTULO 13
UMA VIDA FAZ DIFERENÇA

Introdução: A maioria de nós diria que Ruth Glass, a bela esposa do CEO da Wal-Mart, tinha tudo. Dinheiro. Prestígio. Uma linda casa. Crianças. Mas Ruth tornou-se um alcoólatra depois que superou seu vício em reguladores de apetite.

Finalmente, depois de pensar em suicídio, Ruth clamou a Deus para salvá-la. E ela começou a sentar-se com a Bíblia — com um copo de vinho e um cigarro — para ler e reler os evangelhos. Um dia, ela percebeu que, após ter lido a Bíblia durante horas, a taça de vinho ainda estava cheia. Deus curou o seu coração. Ela não precisava mais do álcool.

1. Você vê paralelos entre a vida de Ruth (e sua própria) e a vida de Jó? _____. Em que sentido?

2. Philip Yancey escreveu: "Os capítulos (...) iniciais e finais de Jó provam que Deus foi profundamente afetado pela reação de um único mundo e pelo fato de questões cósmicas estarem em jogo." Ele continuou dizendo que a "aposta" entre Deus e Satanás "estabeleceu decisivamente que a fé de um único ser humano conta muito."

Você acredita que esta verdade vale também para a sua vida? _____.

3. Como você tem resistido aos ataques de Satanás?

4. Como você pode fazê-lo no futuro?

5. Você às vezes tem a impressão de que Deus poderia estar aplaudindo você? _____. Quando?

6. Por fim, reflita sobre a seguinte passagem das Escrituras:

Que diremos, pois, diante dessas coisas? Se Deus é por nós, quem será contra nós?

Aquele que não poupou a seu próprio Filho, mas o entregou por todos nós, como não nos dará juntamente com ele, e de graça, todas as coisas?

Quem fará alguma acusação contra os escolhidos de Deus? É Deus quem os justifica.

Quem os condenará?

Foi Cristo Jesus que morreu; e mais, que ressuscitou e está à direita de Deus, e também intercede por nós.

Quem nos separará do amor de Cristo? Será tribulação, ou angústia, ou perseguição, ou fome, ou nudez, ou perigo, ou espada?

Como está escrito: "Por amor de ti enfrentamos a morte todos os dias; somos considerados como ovelhas destinadas ao matadouro."

Mas, em todas estas coisas somos mais que vencedores, por meio daquele que nos amou. Pois estou convencido de que nem morte nem vida, nem anjos nem demônios, nem o presente nem o futuro, nem quaisquer poderes, nem altura nem profundidade, nem qualquer outra coisa na criação será capaz de nos separar do amor de Deus que está em Cristo Jesus, nosso Senhor.

Romanos 8:31-39

E LEMBRE-SE:
A VIDA É DURA,
MAS DEUS É FIEL.

RESPOSTAS ÀS PERGUNTAS

Pergunta 5: Você pode ter certeza de que Deus o está aplaudindo quando você passa tempo com ele e quando você o serve por meio de seus atos.

SUGESTÕES PARA O FACILITADOR

Este estudo foi projetado para ser curto, para que vocês tenham tempo para celebrar e socializar. Sugiro que organize um lanche e encerre este estudo com uma música inspiradora.

Sobre a autora

$\mathcal{S}$ HEILA WALSH é conhecida mundialmente por sua personalidade cativante e seu sotaque escocês — coisas que lhe permitem conquistar imediatamente seu público, mesmo que ele consista de quase um milhão de pessoas nas conferências da Women of Faith ou na *Rejoice! Worship Tour*, como apresentadora de um programa de rádio ou TV ou como escritora, compositora e cantora. Mas a coisa mais interessante sobre Sheila Walsh é a sua mensagem — que a boa notícia da misericórdia e da graça de Deus em Jesus pode reviver e satisfazer a alma sedenta.

Como seus amigos e tantos outros cristãos, Sheila sabe o que significa passar por tempos difíceis. Sua vontade de falar e escrever sobre suas batalhas passadas com a depressão tem dado esperança a inúmeros companheiros de luta.

Ela é autora da *Bíblia da mulher de fé*, *A Bíblia da princesinha*, *Levante-se e ore*, *Gigi: a bailarina cor-de-rosa*, *Gigi, a princesinha de Deus*, *Não sou a mulher maravilha, mas Deus me fez maravilhosa*, *Respostas de Deus para os dias difíceis*, *Tempestade da alma*, *Boa noite, princesinha* e *Coisas extraordinárias acontecem quando uma mulher confia em Deus*. Ela também já gravou vários CDs, entre eles *Love Falls Down*, *Blue Waters* e *Peace: A Celtic Christmas*.

Sheila e Barry, seu marido, e Christian, seu filho, moram em Brentwood, Tennessee.

NOTAS

Capítulo 1

[1] Chris Eaton, "God Is Faithful", letras reproduzidas com a autorização de Clouseau Music/CGO Music Publishing Ltd.

Capítulo 2

[2] John Fischer, True Believers Don't Ask Why (Minneapolis: Bethany House, 1989), p. 19.

[3] Idem, p. 19.

[4] Hannah Whitall Smith, citada em Mary W. Tyleston, *Daily Strength for Daily Needs* (Londres: Methuan & Co., 1922).

Capítulo 4

[5] Phil McHugh, "In Heaven's Eyes", copyright 1985, River Oaks Music Co. Citação autorizada.

[6] Al Kasha e Joel Hirschhorn, *Reaching the Morning After* (Nashville: Thomas Nelson, 1986), p. 13.

[7] Idem, p. 153.

[8] Al Kasha, "The Morning After", copyright 1972, W. B. Music Corp. e Warner-Tamerlane Publishing Co. Citação autorizada.

Capítulo 7

[9] Ron Trott e Jon Sweet, "Sand in the Hand", copyright 1986, Swot Patch Music. Citação autorizada.

[10] Sheila Walsh, Greg Nelson e Bob Farrell, "Come Into His Kingdom", copyright 1989, Word Music, Summer Dawn Music, Greg Nelson Music. Citação autorizada.

[11] Sheila Walsh, "It Could Have Been Me", copyright 1990, Word Music. Citação autorizada.

[12] Idem.

Capítulo 8

[13] David Biebel, *If God Is So Good, Why Do I Hurt So Bad?* (Ada, MI: Revell, 1995).

[14] Ibid.

[15] Rebecca Manley Pippert, *Hope Has Its Reasons* (Nova York: Harper & Row, 1989).

Capítulo 11

[16] Ron Trott, Sheila Walsh e Jon Sweet, "Angels With Dirty Faces", copyright 1986, Swot Patch Music. Citação autorizada.

Capítulo 12

[17] Essas palavras são de "It Is Well With My Soul", de Horatio G. Spafford, 1828-1888, alterado.

[18] Irving Stone, *Lust for Life*(Nova York: Doubleday, 1934).

[19] Philip Yancey, *Disappointment with God* (Grand Rapids: Zondervan, 1988), p. 186.

Capítulo 13

[20] Yancey, *Disappointment with God*, p. 170.

[21] Idem, p. 170.

[22] A quinta estrofe raramente publicada do famoso hino de Isaac Watts "When I Survey the Wondrous Cross".

[23] Chris Eaton, "God Is Faithful", letras reproduzidas com a autorização de Clouseau Music/CGO Music Publishing Ltd.

Este livro foi impresso em 2015, pela Edigráfica, para a Thomas Nelson Brasil. A fonte usada no miolo é Sabon corpo 11. O papel do miolo é Avena 80g, e o da capa é cartão 250g/m².